名馬を読む 4

ヴァーミリアン

江面弘也
Ezura Koya

三賢社

フサイチコンコルド／ダンスインザダーク

直線で先頭に立った１番人気のダンスインザダーク（黒帽）だったが、キャリア２戦のフサイチコンコルドが外から追い込み、首だけ前にでた（1996年日本ダービー）

アイネスフウジン／メジロライアン

１番人気のメジロライアン（赤帽）を抑え、アイネスフウジン（黄帽）がレコードでの逃げきり。場内は勝利騎手を称える「中野コール」に包まれた（1990年日本ダービー）

マヤノトップガン

菊花賞はレコード勝ち、グランプリは逃げきりと、秋のGＩを連勝した（1995年有馬記念）

牝馬としてはトウメイ以来の年度代表馬へ向け、快進撃が始まった（1997 年天皇賞・秋）

ゼンノロブロイ

オリビエ・ペリエ会心の騎乗で、秋のGI 3連勝を大レコードで達成（2004 年有馬記念）

名馬を読む

モーリス

安田記念とマイルチャンピオンシップ。ふたつのマイルGI を連勝した勢いそのままに、香港のマイルGI も快勝した（2015 年香港マイル）

アグネスデジタル

ダート、芝、マイルと2000メートル、地方と海外。まったく違う条件を克服した“マルチランナー”は、これでGI 4連勝（2002年フェブラリーステークス）

ヴァーミリアン

武豊に導かれ、国内最多に並ぶ7つめのGIを手にした（2009年帝王賞）

トランセンド

藤田伸二の強気なレース運びで、堂々と逃げきった（2010年ジャパンカップダート）

ゴール前の競り合いを鼻差制し、雄叫びをあげるデットーリ（1996 年ジャパンカップ）

ミルコ・デムーロを鞍上に迎えた 9 番人気の伏兵は、三世代のダービー馬をねじ伏せるように勝利した（2008 年ジャパンカップ）

アーモンドアイ

歴史的なビッグマッチとなった「三冠対決」。直線で早めに抜けだした“最強牝馬”は、後続を寄せ付けず、引退レースに花を添えた（2020年ジャパンカップ）

名コンビとして記憶に残る佐藤哲三は、「お笑い芸人のコンビが、じつは仲が悪いみたいな感じだった」と、相棒との関係を表現した（2003 年ジャパンカップ）

名馬を読む 4

カバー写真：山本輝一（アーモンドアイ）
ブックデザイン：西　俊章

名馬を読む4 ◉ 目次

第2章 年度代表馬の栄光

第3章 ぶっちぎりの快感

第4章 砂の王者は世界をめざす

はじめに

コロナの感染拡大がはじまって三年めの夏、おもしろい記事を見た。高校の硬式野球部で、九十二・七パーセントの生徒が三年まで部活を継続したというのだ。高野連が一九八四年から集計をはじめて最高の数字だったという。学校生活も制限され、対外試合も満足にできない状況でも多くの部員が野球をつづけてきたわけだ。

わたしは県立の男子校で、強豪校ではないがそれほど弱くもない、そんな野球部にいた。それでも、練習はきつく時間も長い。休みはほとんどなかった。当然、上下関係は厳しく、いまならばしごきとかパワハラと問題にされそうなこともあったが、野球部ではそれが普通だと思っていた。わたしたちの学年は入部者が多かったが、三年になったときには三分の一ほどに減っていた。わたしも何度か怪我をしたし、毎日、やめたいと思いながら練習していた。だから、どんな状況でも、九割を超える生徒がやめずに野球をつづけたというのが信じられなかった。

最近の高校野球は、髪の毛を伸ばす学校も増え、休みもあり、練習時間も短くなったようだ。理に適った効果的なトレーニングをし、「エンジョイ・ベースボール」なることばも流行した。普段は五分刈り（夏の大会の前は青々とした五厘刈り）の坊主頭で、ウサギ跳びなんてやらされていた時代の野球少年にはうらやましい限りだ。

そんなことを考えていると、競馬も似たようなものかな、と思った。ダービーはよく夏の甲子園にたとえられてきたが、生産者も調教師もダービーを目標にして頑張っている。「馬は鍛えてこそ強くなる」という信念でミホノブルボンをつくった戸山為夫氏と、戸山氏に影響を与えた谷水信夫氏（ダービー馬タニノハローモア、タニノムーティエの馬主）のカントリー牧場はハードトレーニングの代名詞のような存在だったが、本書に登場するダイナナホウシュウの飯原農場も生産馬にハードなトレーニングを課すことで有名だったという。たしかに、厳しい調教に耐えた馬は強くなり、タフで、短距離血統でもダービーや菊花賞に勝てるスタミナを身につけていた。そうしないと大手牧場のエリートホースに勝てなかったわけだが、その裏側にはトレーニングに耐えられずリタイアしていった馬がいたのもまた事実である。

それとは対照的な調教師が藤沢和雄氏である。馬に無理をさせず、問題があればすぐに休ませ、成長に合わせて育てていく。本書に登場するゼンノロブロイは藤沢氏らしい名馬の一頭だったが、藤沢流の育成調教は現在の競馬界の主流となっている。そのおかげで、スポーツ選手の選手寿命が伸びたように、競走馬も健康で長く走られるようになった。ふるい時代の名馬と現在の名馬を一冊のなかで書いていると、そうしたことを実感する。

二〇一七年に出版した『名馬を読む』も「シリーズ」となり、これが四冊めである。今回は五つのテーマに分けて構成している。

第一章はダービー馬と一番人気で負けた馬の話だが、どちらかというと、馬よりもダービーにかける人々に重点を置いて書いている。第二章の「年度代表馬の栄光」、第三章「ぶっちぎりの快感」はタイトルそのままの名馬たちを集めた。第四章の「砂の王者は世界をめざす」は、昨今、海外のＧＩシーンで活躍がめだつダートホースのなかから、日本で最初にドバイに遠征したライブリマウントからブリーダーズカップ・ディスタフに勝ったマルシュロレーヌまでの五頭。そして第五章が「ジャパンカップ・メモリーズ」。第一回の衝撃からジョンヘンリーの来日騒動、そしてアーモンドアイまでの五編。日本初の国際レースの変遷を書いてみた。

本書も、これまでどおり「過去の名馬を想像したり、なつかしい記憶を思いおこしていただければ」という趣旨で、馬の血統表や成績表などのデータは掲載していない。また、馬の年齢も現在とおなじ満年齢とし、レース名は当時のままとしている。今回もまた多くの関係者の話をもとに構成しているが、本文中に登場する方々の敬称は略させていただきました。

第1章

ダービー
勝った馬、負けた一番人気

1

キーストンVSダイコーター
雨のキーストン

キーストンというと、漫画「雨のキーストン」を思いだす。作者は田中つかさ。『週刊少年ジャンプ』に掲載された読み切りだ。調べてみると、掲載されたのは『週刊少年ジャンプ』の一九七九年二十六号（六月二十五日号）だった。「さわやか万太郎」（本宮ひろ志）、「キン肉マン」（ゆでたまご）、「東大一直線」（小林よしのり）、「リングにかけろ」（車田正美）、「こちら葛飾区亀有公園前派出所」（秋本治）、「サーキットの狼」（池沢さとし）などが連載されていたころだ。

「雨のキーストン」は、キーストンとライバルのダイコーターのダービーが描かれている。タイトルどおりに、雨のなかキーストンが逃げきるのだが、キーストンの騎手山本正司《しょうじ》は、ダイコーターに乗る栗田勝の弟弟子で、兄弟弟子の物語でもある。

田中は「雨のキーストン」を掲載したあと『週刊少年ジャンプ』に競馬漫画「ふたりのダー

ビー」を連載している（一九七九年四十四号から一九八〇年十八号）。騎手の父とふたりでダービーを勝ちたいと願い、騎手をめざす少年の物語である。おなじころ野口アキラのギャグ漫画「駄馬コマンコスキー」も『週刊漫画ゴラク』に連載されていた。わたしの知る限りでは、この二作が連載競馬漫画の草分け的存在である。

キーストンは「悲劇のダービー馬」として長く語り継がれてきた。

一九六七年十二月十七日。引退レースとなるはずだった阪神大賞典で一番人気に支持されたキーストンはいつものように快調に飛ばして逃げ、二周めの四コーナーを先頭でまわって直線に向いた。逃げきり濃厚と思われたとき、事故はおきた。ゴールの二百五十メートル手前で、左前脚を脱臼したキーストンがもんどりうって倒れ、山本正司が振り落とされる。ファンがこころを奪われたのはそのあとのシーンだった。キーストンが痛んだ前脚をぶらつかせながら落ちた山本のもとに歩みよると、山本はキーストンが動かないように抱きよせる……。「雨のキーストン」もそこで終わっている。

キーストンは一九六二年三月十五日に北海道浦河町の高岸繁牧場でうまれた。父のソロナウェーはキーストン、テイトオーと二年連続でダービー馬をだし、ベロナ、ヤマピット（ともにオークス）、ハツユキ（桜花賞）などのクラシック馬をおくりだした名種牡馬だ。一九六六年にはリーディングサイヤーにも輝いている。ソロナウェー自身はアイルランド二千ギニーなどに勝った短距離馬だったが、イギリスではオークス馬スイートソレラをだし、キーストンは日本で種付けをはじめて三年めの産駒になる。母のリツトルミツジ（七戦一勝）はアイルランドからの輸入馬で、その父ミゴリは凱旋門賞やイギリスのチャンピオンステークスなどに勝った名馬である。

キーストンの馬主は大阪で製薬会社を営む伊藤由五郎。キーストンがうまれた当時八十一歳の伊藤は、二冠馬コダマの馬主として知られていた。大阪商人らしく競馬でも堅実な伊藤は、繁殖牝馬を牧場に預託していて、リツトルミツジも仔分け馬（生産馬は馬主と牧場の共有）として高岸牧場に預けていた。キーストンの三歳下の妹で、一九六八年のオークスで二番人気（十着）になったミスキーストンも伊藤の所有馬である。ちなみに、リツトルミツジの系統には「キーストン」とつけられた馬が多く、わたしたちの年代だと、キーストンの姉ルウレットの孫で、一九八二年の福島記念に勝ったネオキーストン（高岸牧場生産、馬主は高野稔）が思いだされる。

ところで、キーストンには「要石《かなめいし》」とか「重要な場所や物」という意味があるが、アメリカのペンシルバニア鉄道を走っていたキーストン特急に由来するというのが定説になっている。そう推測したのは作家の山野浩一で、キーストンを追悼して『優駿』の一九六八年二月号に発表した「キーストン——冬空とペンシルヴァニア特急」のなかで書いている。のちに血統評論家として活躍する山野がSF作家として脚光を浴びていたときで、競馬に関する初期の作品である。山野は、伊藤がコダマ、シンツバメ（皐月賞）の兄弟やヒカリなど列車名をつけた馬を所有していたことからキーストン特急からとった名前だと推測するのだが、そう確信したという理由をこんなふうに書いている。

〈何よりもキーストンという馬が、特急Keystoneに似つかわしいものだという点でぼくはそう考えるのだ。〉

さて、キーストンと名づけられた馬は京都競馬場の松田由太郎厩舎に預けられる。松田はシンツバメを管理した調教師でもある。主戦騎手は山本正司になった。山本は一九五二年に京都の武田文吾厩舎に入門、五六年にデビューしたが、栗田勝という絶対的なエースがいる厩舎では騎乗馬に恵まれず、六〇年に高橋直《なお》厩舎に移籍、さらに六三年から松田厩舎に移っていた。そしてここで、キーストンに出会うのである。

キーストンは体が小さく、見た目にもひ弱そうだったが、天才的なスピードがあった。デビューは二歳夏の函館で、不良馬場の千メートルを十馬身差で逃げきった。つづく特別戦は七馬身差のレコードタイムで勝ち、さらに札幌に転戦してダート千二百メートルの特別も十馬身差をつけ、レコードで勝った。

そして十一月。キーストンは京都千二百メートルのオープン（特別・重賞以外のオープンレース）に出走する。しかし、圧倒的なスピードで三連勝してきた馬も二番人気だった。一番人気に支持されたのは二週間前の新馬戦を圧勝したダイコーターだった。騎手は栗田勝である。

ダイコーターは一九六二年六月八日に浦河町の鎌田牧場でうまれた。鎌田牧場はコダマで知られる名門である。父は大種牡馬ヒンドスタンで、六四年にはシンザンが三冠を達成する。母のダイアンケーはアメリカ産馬。一九五二年の春、国営競馬の馬不足を補うために農林省馬事部と軽種馬生産農協がアメリカ・カリフォルニア州から輸入した二歳馬五十頭（牝馬三十八頭）の一頭である。五十頭は関東と関西に二十五頭ずつ分けられ、一頭百五十万円の抽籤《ちゅうせん》馬として希望馬主に配布された。ダイアンケーは酒栄宗市という馬主が所有し八勝をあげている。鎌田牧場で繁殖牝馬となったダイアンケーはダイコーターの母となり、孫の代にもウラカワチェリー（阪神牝馬特別など重賞二勝）、ハシクランツ（大阪杯など重賞二勝）、ハシローディー（鳴尾記念など重賞三勝）といった活躍馬をだし、彼女の系統は大きく広がっていく。二〇一三年のオークス馬メイショウマンボの七代前の母もダイアンケーである。

ダイコーターの馬主は名古屋で運送会社を営む橋元幸吉、シンザンの馬主である。預かるのは中京競馬場に厩舎を構えていた柴田不二男。柴田は武田文吾の弟子で、栗田勝の兄弟子にあたる。

キーストンとダイコーターがはじめて顔を合わせたオープンはキーストンが圧倒した。二馬身差の二着はオークス馬となるベロナ（三番人気）で、ダイコーターはさらに五馬身離された三着だった。

キーストンはつづく京都三歳ステークス（当時）もレコードタイムで勝ち、五戦無敗で二歳戦を終えている。レコードを樹立すること三回、二着につけた着差の合計はおよそ三十馬身という内容で、最優秀二歳牡馬にも選ばれている。

一九六五年。クラシックをめざして東京競馬場に移動したキーストンは、千六百メートルの弥生賞も三馬身差で楽勝する。これで六連勝。山本はデビュー十年めではじめての重賞優勝となった。

　おなじ日、ダイコーターは中京競馬場できさらぎ賞（砂馬場の千七百メートル）に勝ち、五戦四勝としていた。その夜、栗田は山本にこんな内容の電報を送ったという。

「キーストンおめでとう。こんどは負かすぞ」

　厩舎は替わっても、兄弟弟子の関係は変わらない。栗田は弟弟子の初重賞を祝し、クラシックを戦うライバルとして挑戦状を送った。ここから、ダイコーターとキーストンのライバル対決を、栗田と山本の兄弟弟子対決のように書くマスコミも多くなっていく。

　二頭がふたたび顔を合わせたのはスプリングステークスだった。こんどはキーストンが一番人気で、ダイコーターが二番人気だった。前回は千二百メートルでキーストンがスピードで圧倒したが、千八百メートルになると様相が変わった。逃げたキーストンをゴール前でダイコーターがきっちりと捉える。ヒンドスタン産駒のダイコーターは距離が延びれば有利だろうと言われていたが、まさにそんな結果になった。山野浩一も書いていたが、このころはまだソロナウェー産駒はスプリンターという評価があり、キーストンも実績どおりのスプリンターだと思われていたのだ。

　つづく皐月賞はダイコーターが一番人気になった。キーストンは差のある二番人気だった。二頭の争いになるのは濃厚だが、スプリンターのキーストンが二千メートルで逆転するのは厳しいだろう。そんな見方をする人が多かったようだ。

　ところがここで大きな波乱がおきる。大方の予想どおりに一コーナーで先頭に立ったキーストンの逃げでレースは展開し、ダイコーターは中団にポジションをとった。しかし、キーストンは最後の直線で力尽き、先行馬群にいた八番人気のチトセオーが抜けだしてくる。ダイコーターは外から迫ったが首差及ばなかった。キーストンは十四着と大敗した。

キーストンの敗因はいろいろと取り沙汰された。体重が十四キロも減っていた。キーストンはスプリンターで距離に限界があったという見解も多かった。キーストンの体調を考慮した陣営は、NHK杯の出走を断念し、東京千八百メートルのオープン（一着）で立て直しをはかり、ダービーに向かう。ダービーの前の週にはおなじソロナウェー産駒のベロナがオークスに勝ち、二千四百メートルにも光が見えていた。

一方のダイコーターはNHK杯を快勝して万全の状態で本番を迎えている。NHK杯には皐月賞馬のチトセオーも出走していたが最下位の十五着に敗れた挙げ句、脚を故障してしまう。これによって、ダイコーターはダービーの本命馬となった。

ここでひとつの〝事件〟がおきた。ダイコーターがトレードされたのだ。馬主の橋元幸吉は馬の価値が下がる前に売ってしまうことで知られた馬主で、シンザンも売りにだされるという噂もあったほどだった。ダイコーターも「ここが売りごろ」と判断したのだろう。

ダイコーターを買ったのは福岡県で炭鉱を営む上田清次郎である。「炭鉱王」として名を馳《は》せる上田は、ダイナナホウシュウで皐月賞、菊花賞、天皇賞に勝ち、ホウシュウクインとミスマサコで桜花賞に勝っていたが、ダービーは縁がなかった。一九四九年にホウシュウが三着、一九五三年にはダイサンホウシュウが二着、翌年はダイナナホウシュウが一番人気で四着に敗れていた。一九五八年には桜花賞馬でオークス三着のホウシュウクインで挑んで九着と、ダービーに執念を燃やしながら勝てなかった。

この年からダービーの優勝賞金が一千万円になって話題となっていたが、上田はその倍以上の金をだしてダイコーターを買ったといわれている（二千五百万円とも噂された）。これには「ダービーを金で買うのか」という批判もおきたそうだが、当時の新聞や雑誌を見ると、ダービーにまつわる話題（賞金も含めて金に関する話が多い）として取りあげられている程度だった。社会全体が競馬に無関心だった時代である。

一九六五年五月三十日、第三十二回日本ダービー。東京競馬場は前日から雨が降りつづけ、馬場状態は不良である。出走馬は二十二頭。あいにくの雨で入場者は七万八千人余にとどまった。

「大金で買われた本命馬」の単勝支持率は三十八パーセントで、前年のシンザン（三十六・五パーセント）を上まわっている。二千四百メートルもまったく問題ないし、馬の調子がよかった。もうすぐ、「炭鉱王」が「ダービーオーナー」となるはずだった。

たいするキーストンは二番人気だったが、大きく引き離されている（最終的に七・六倍）。山本がダービー初騎乗という不安もあった。それでも、陣営は雨を歓迎していた。二歳のときに芝の不良馬場で勝っているが、十馬身差の楽勝だった。前走のオープンを含め稍重でも二戦二勝である。逃げ馬のキーストンにとって、馬場が悪くなるのはプラスになってもマイナスにはならない。一枠二番という逃げ馬には絶好の枠を引いたのもこころ強い。

小雨が降るなか、ゲートが開いた。キーストンがすぐに先頭に立つ。雨でぬかるんだコースをピッチ走法で飛ばしていく。ペースは速くない。それでも、追いかけてくる馬はいない。五番手を進んでいたダイコーターは、馬場に苦しんでいたのか、向こう正面から三コーナー付近で中団までポジションを下げた。

快調に逃げていたキーストンは四コーナーをまわると芝の状態のいい外に進路をとり、後続を引き離していく。不良馬場の直線を気持ちよさそうに逃げていく。

ラスト二百メートルをきったところで、ようやくダイコーターが追いあげてくる。しかし、一馬身四分の三まで迫るのが精一杯だった。

「ダイコーターを負かせる馬がいるとすれば、ぼくの馬だと信じていました。ダイコーターをどうすれば負かせるか、そればかり考えていました」

負けた兄弟子から祝福を受けた山本は笑顔で語った。

秋。キーストンはオープンを連勝し、さらに京都杯（現京都新聞杯）も勝って菊花賞に向かう。

雪辱を期すダイコーターは厩舎も上田清次郎が馬を預けている京都競馬場の上田武司厩舎に替わった。そして、こちらもまた、オープン、神戸杯（現神戸新聞杯）、オープンと三連勝して菊花賞に向かう。

五度めの対決は三千メートル。馬場状態は重馬場。ダイコーターが一番人気で、キーストンは二番人気だった。

スタートしてゴールデンパスが先頭を奪い、キーストンは二、三番手を進む。それをぴったりマークしてダイコーターは四番手。一コーナーでゴールデンパスが大きく外に膨らみ、その隙にキーストンが先頭に立つ。ダイコーターが二番手につけて、そのまま向こう正面から三、四コーナーをまわって直線と、ライバルの闘いらしいマッチレースになった。最後はダイコーターが前にでて、四分の三馬身差でキーストンが二着だった。

菊花賞のあと、阪神のオープンを五馬身差で勝ったキーストンはこの年の最優秀三歳牡馬と最良スプリンターに選ばれている。

四歳になったキーストンは京都の金杯一着、六十二キロを背負った大阪杯七着、そして京都のオープン一着をステップにして臨んだ天皇賞（春）でダイコーターと顔を合わせたが、勝ったのは五歳のハクズイコウ（一番人気）で、二番人気のキーストンは五着、三番人気のダイコーターも九着と大敗している。その後、キーストンは脚を痛めて一年三か月もの休養を余儀なくされ、カムバックしてからは五戦四勝二着一回と全盛期の走りをとり戻していた。そして、ひさしぶりに出走した重賞が、あの阪神大賞典だった。

ダイコーターは菊花賞のあとは馬が変わったかのように不振に陥ってしまった。五歳末まで十三戦して二勝。その二勝も四歳の夏に連勝したオープンで、重賞は勝てなかった。そして六歳になると障害に転向している。クラシックホースの障害入りはソールレディィ（一九三九年桜花賞）、ホシホマレ（一九三九年オークス）、ミスマサコ（一九六三年桜花賞）につづく四頭めで、その後は二〇一〇年の菊花賞馬ビッグウィークがいるだけだ。

障害でも四戦一勝に終わったダイコーターは引退して、上田清次郎がつくった上田牧場（北海道白老《しらおい》町）で種牡馬になった。当初は血統登録された産駒が十頭に満たなかったが、そこからホウシュウリッチ（神戸新聞杯）、ホウシュウミサイル（金鯱賞など重賞二勝）などクラシックに出走する馬をだしている。その後、西山牧場（北海道鵡川町＝現むかわ町）に移ると、名牝ミスマルミチの産駒サクラアケボノ（朝日杯三歳ステークス二着）やキタノリキオー（中山記念など重賞三勝）、ニシノチェニル（オークス二着）、ニシノライデン（阪神大賞典など重賞四勝、菊花賞三着）など多くの活躍馬をだす人気種牡馬となった。

カツトップエースVSサンエイソロン
トライアル三冠馬の悲哀

2

一九八一年四月。大学で競馬同好会のようなものをつくっていたわたしたちは、入学式会場前で新入生を勧誘するためのビラを配っていた。ビラには何日か後にある皐月賞の予想も載せていた。トドロキヒホウ、サンエイソロン、ステイード、エナオーギ……と十数頭の出走馬を想定し、皆で印をつけた。

わたしの本命はたぶんホクトオウショウだったと思う。スプリングステークスで二着だったテスコボーイ産駒である、トウショウボーイファンのわたしはテスコボーイ産駒のファンでもある。たぶん、と書いたのはミナガワマンナが好きだったこともあるのだが、父シンザン、母の父ヴィミーという血統のミナガワマンナを本命にするのはダービー以後、二千四百メートル以上のレースだったはずだ。

なぜ、冒頭にこんなことを書いたのか。勘のいい方ならもうおわかりだろう。配っていたビラのなかに皐月賞馬の名前がなかったのである。

北海道様似《さまに》郡様似町——。

二〇二一年四月に鵡川《むかわ》駅から先は廃線となってしまったが、北海道日高地方の海沿いを走っていた日高本線の終着駅があった町である。

隣の浦河町はふるくから名馬がうまれた大生産地だが、様似町は牧場の数も生産頭数もずっとすくない。日本軽種馬協会のデータを見ても、二〇二一年に種付けした繁殖牝馬の数は九十二頭。浦河町の千八百頭と比べれば、それがわかる。それでも一九七八年にはインターグシケン（高村秀司牧場産）が菊花賞を制し、一九八一年のダービー戦線の主役、カツトップエースとサンエイソロンもこの町でうまれたのだ。

皐月賞、ダービーを制したカツトップエースは一九七八年四月二十日に様似町の堀忠志牧場で誕生した。この年の記録を見ると、堀牧場でうまれたサラブレッドは四頭で、競走馬になれたのは二頭。一頭は地方で七勝し、もう一頭がカツトップエースである。堀家はもともと専業農家で、一九六〇年にアラブ馬一頭からはじまった小さな家族牧場である。現在は様似堀牧場と名称を変え、スワンステークスなど三つの重賞に勝ったロードクエストの生産牧場として知られている。

カツトップエースの母のアコニット（父アクロポリス）は、イギリスで二戦して未勝利という成績で、一九六九年に輸入された。二歳上の姉カツトップガール（父シンザン）は四勝をあげ、その産駒には中山牝馬ステークスなど四勝するカツダイナミック（父イエローゴッド、堀牧場生産）もでるから、りっぱな繁殖牝馬である。アコニットの産駒のほとんどを「カツ」の馬主、勝本正男が所有しているから、わたしは、勝本が輸入して堀牧場に預託した牝馬なのかなと思っていたのだが、血統書で確認すると、輸入も所有も堀忠志となっている。牧場にとって宝のような牝馬だ。

カツトップエースの父イエローゴッドは、スプリンター血統で知られるレッドゴッドの産駒で、イエローゴッド自身もイギリス、フランスで十二戦し、千四百メートル以下で五勝というスプリンターだった。日本に輸入されたのは一九七四年で、その三年後にはヨーロッパに残してきた二頭、ネビオロがイギリス二千ギニー、パンパポールがアイルランド二千ギニーに勝って話題になっていた。日本でもファンタストが一九七八年の皐月賞に勝ち、カツトップエースと同世代には桜花賞馬となるブロケードもいた。これだけ見ればイエローゴッドは「ギニー（桜花賞・皐月賞）血統」ということになる。

カツトップエースは美浦トレーニングセンターの菊池一雄厩舎にはいった。勝本が所有するアコニットの産駒は東京競馬場の柄崎《つかざき》義信厩舎に預けられていたが、美浦トレセンが開場してからは、柄崎の紹介で菊池厩舎に行くようになった。カツトップエースの三歳上の姉カツトップスター（未勝利）が菊池厩舎にきた最初の馬である。

カツトップエースは大きな栃栗毛で、赤い覆面を着けた顔には曲がった大きな流星が流れ、四本の脚がソックスをはいたように白い、四白流星である。見た目から派手で、愛嬌のある風貌だが、動きがゆっくりしていて、とくべつめだった存在ではなかった。

デビューは二歳夏の札幌で、ダート千メートルの新馬戦を二着、一着。さらに函館に転戦して特別を六着、三着。秋の東京で特別に勝って二勝めをあげたが、つづくオープンは四着。そして年末の朝日杯三歳ステークス（現朝日杯フューチュリティステークス）に挑戦したが、オークス馬となるテンモンから大きく離された十着だった。

三歳になったカツトップエースは八百万下（現二勝クラス）のバイオレット賞に出走したが四着だった。このレースにはサンエイソロンもでていて二着だった。勝ったのはアメリカ産馬のタクラマカンで、秋の第一回ジャパンカップにも出走する馬である。

クラシックの出走権をとりたい陣営は皐月賞のトライアルレースを使いたかったが、カツトップエースは発熱してしまい、皐月賞は出走できてもぶっつけ本番となり、現実には収得賞金の関係で除外となる可能性も高い。

その皐月賞に向けて、関東のエースとなったのは東京四歳ステークス（現共同通信杯）と弥生賞を連勝したトドロキヒホウだった。京成杯ではテンモンの六着だったが、弥生賞で話題の馬ステイードを破ったことで評価をあげていた。

ステイードは公営南関東の大井競馬場で五戦無敗、合計二十七馬身の差をつけ、「ハイセイコー二世」と言われて中央入りした馬である。父はグリーングラスとおなじインターメゾ、本郷重彦厩舎と騎手の中野渡清一はマルゼンスキーとおなじだ。往年のスーパーホースと重なるプロフィールがファンの想像力をかきたてていた。どのくらい話題となったか。創刊して一年のスポーツ雑誌『Number』（28号）がオークス、日本ダービーを前に「華麗なるギャンブル宇宙への御案内！」という特集を組んでいるのだが、そのトップ記事がステイードだった。冒頭の七ページで、のちに直木賞を受賞する高橋治が「ステイードよ、ハイセイコーの幻を蹴ちらして走れ！」という原稿を寄せている。

そしてもう一頭、皐月賞の有力候補として台頭してきたのがスプリングステークスに勝ったサンエイソロンだった。

サンエイソロンは一九七八年五月五日に様似町の渡辺武司牧場でうまれた。父は名種牡馬パーソロン。母のヤマトシャルダン（父セダン）は未勝利だが、祖母リンダセニョリータの父は大種牡馬ヒンドスタン、さらに曾祖母は二冠馬コダマ、皐月賞馬シンツバメの妹ワカシラオキ（父ソロナウェー）という、生産者ならばだれもがほしがる血統である。血統の良さを示すように、サンエイソロンの五歳下の妹レイホーソロン（父パーソロン）はチューリップ賞に勝ち、桜花賞でも四着になっている。故障して四戦三勝で引退したが、牧場に戻って繁殖牝馬となったレイホーソロンは、サマニベッピン（阪神牝馬特別など重賞三勝）やダンツキッチョウ（青葉賞）を産んでいる。ふるいファンならば「様似の渡辺牧場といえばヤマトシャルダン」と連想するだろう。

そんな血統にうまれた仔馬を預かるのは美浦トレセンの古山良司だった。うまれて間もない仔馬の写真を見て気に入った古山は、馬主の佐藤惣一を連れだって一緒に渡辺牧場に急いだ。小柄だがなかなか気の強い馬で、古山も佐藤もいい馬だと思ったが、渡辺は二千五百万円だと言う。当時としては破格の価格だったが、パーソロン産駒のサクラショウリがダービーに勝ったばかりというのも、渡辺を強気にさせていたのだろう。オーナーとなる佐藤も買うと決めるまでには日時を要したという。

佐藤の馬となり、古山厩舎からデビューしたサンエイソロンも、カツトップエースと同様に、クラシックの権利をとるまで苦労していた。二歳では六戦して二勝したが、三歳になると京成杯はテンモンの七着、東京四歳ステークスはトドロキヒホウの三着、そして前述したバイオレット賞も二着と勝てなかったが、スプリングステークスに勝ってようやくクラシックの出走を確実にしている。このとき、デビュー四戦めから主戦として乗っていた中島啓之《ひろゆき》が落馬事故で乗れなくなり、小島太に替わっていて、以後、小島が主戦となった。

皐月賞戦線は「ドングリの背比べ」「大混戦」「低レベル」というような前評判だった。関東の三歳馬は牝馬のテンモンが朝日杯と京成杯に勝つなど、牡馬のレベルが問題視されていた。それにくわえて関西の有力馬たちが相次いで故障するのである。阪神三歳ステークス（現阪神ジュベナイルフィリーズ）を勝ったサニーシプレーを筆頭に、シンザン記念と毎日杯に勝ったヒロノワカコマもきさらぎ賞のリードワンダーも故障し、阪神三歳ステークス二着のジョーオラトリオは弥生賞で、三連勝で注目されていたアグネスベンチャーはスプリングステークスで故障してしまう。皐月賞に出走してきた関西馬で、重賞で二着以内にはいった馬は毎日杯二着のタケファイターだけになってしまった。

関西馬のリタイアによってカツトップエースも皐月賞に出走できるのだが、これまで乗っていた増沢末夫はサクラオーセイ、的場均はホクトオウショウに乗っていて、あたらしく大崎昭一が騎乗することになった。

四月十二日、皐月賞。人気はトドロキヒホウ、ステイード、ホクトオウショウ、エナオーギとつづいた。八枠十八番の大外にはいっていたサンエイソロンは、本来ならばトドロキヒホウやステイードと人気を争うはずだったが、前日に繋靭帯炎《けいじんたいえん》によって出走を取り消していた。

なんとも盛りあがらない状態ではじまったレースは、一枠一番からスタートしたカツトップエースが一コーナーのコーナリングをうまく生かして先頭に立つと、大きく、ゆったりとしたフットワークで逃げていく。向こう正面を過ぎたあたりでステイードが並びかけようとするが、抜かせない。そのまま直線に向かったカツトップエースを追いかけてくる馬もなく、気がついたときには逃げきり態勢にはいっていた。二番手にもステイードが粘るかというとき、大外から一頭、関西のロングミラーが追い込んできた。毎日杯三着で十一番人気の馬だった。

大崎らしい大胆で巧みなレース運びで驚かせたカツトップエースは、ブービーの十六番人気だった。これは現在も残る最低人気での皐月賞優勝で、単勝六千九百二十円は当時としては一九六二年のヤマノオー（九千二百十円）につづく歴代二位の高配当だった（その後、二〇〇二年にノーリーズンが一万千五百九十円を記録している）。

皐月賞馬となったカツトップエースはＮＨＫ杯に出走し、五番人気で二着だった。勝ったのは皐月賞を取り消したサンエイソロンだった。一番人気に支持され、ラスト二百メートルで先頭に立っていたカツトップエースに並びかけると、最後はねじ伏せるようにして一馬身半の差をつけてゴールした。また、皐月賞二、三着のロングミラーとステイードはＮＨＫ杯翌週のダービー指定オープンに出走して四着、三着。ステイードはここで故障し、ダービーにはでられなくなった（前出の『Number』はその前に発売されている）。

一九八一年五月三十一日。第四十八回日本ダービー。フルゲートの二十八頭がエントリーし、エナオーギが出走を取り消して二十七頭立てとなった。牝馬が強い年らしく、桜花賞三着のマーブルトウショウがＮＨＫ杯九着をステップにして出走してきた。二〇〇五年に牝馬ながら宝塚記念に勝ったスイープトウショウの曾祖母である。

一番人気はサンエイソロンで、二番人気はロングミラー、そしてカツトップエースも三番人気の支持をうけていた。ＮＨＫ杯で二着に踏ん張って、皐月賞はフロックでないとファンは認めたのだ。じつは、ＮＨＫ杯の前に菊池一雄は体調を崩し、調教助手の藤沢和雄（のちの調教師）が電話で菊池の指示を受けながら厩舎業務を代行していた。さらに悪いことに、ダービーの十日前に菊池が入院、カツトップエースの最後の仕上げは藤沢を中心に厩舎スタッフだけでおこなっている。

レースは武邦彦が乗る関西のキタノコマヨシの逃げではじまった。アドリアアモン、スズフタバらがつづき、カツトップエースはそのうしろ、先行馬を見ながら進めるポジションをとった。たいするサンエイソロンは一コーナーをうしろから四、五番手でまわっている。最初のコーナーを十番手以内でまわらないとダービーは勝てないと言われていた時代である。絶望的なポジションだった。

位置取りで苦労しているサンエイソロンとは対照的に、いいポジションをキープしたカツトップエースはうまく流れに乗っていた。四コーナーをまわるとスピードが鈍ってきた前の馬たちを抜いて先頭に立つと、そのまま引き離しにかかる。見た目がそうさせるのか、ゆっくりとしたスローモーションのようで、スピード感がない。それでも追いかけてくるコーラルシーとハシノエースとの差はもどかしいほどつまらない。

ゴールまで二百メートルを過ぎて、ようやくサンエイソロンが外から追い込んでくる。カツトップエースとの差が見る間になくなり、並んだところがゴールだった。

着差は鼻。カツトップエースが二冠を達成した。結果論だが、一コーナーの位置取りが明暗をわけるかたちになった。

カツトップエースという馬はいったいなんだったんだろうと思う。故障馬が相次いで皐月賞にでられ、それでもブービー人気だった馬が、気がついたときには二冠馬になっていたのである。しかもダービーは正攻法での、堂々たる勝利である。

血統面でも驚きがあった。ネビオロとパンパポールはイギリスダービーで五着と着外、ファンタストもダービー十着、ブロケードもオークス十三着と、二千四百メートルではことごとく敗れ去っていたイエローゴッドの産駒がダービー馬になったのである。血統ファンは「レベルが低かったから」と言ってお茶を濁すしかなかったのだが、この四年後、ヨーロッパから驚きのニュースが届く。レッドゴッド系の名マイラー、ブラッシンググルームの産駒レインボウクエストが凱旋門賞に勝つのである。さらにその四年後にはナシュワンがイギリスのダービー馬になる。それからはレッドゴッドの系統はブラッシンググルームをとおして中長距離の名馬を輩出していくのだから、血統というものはわからない。

　二冠馬となったカツトップエースは三冠をめざして北海道の牧場で休養していたときに左前脚に屈腱炎を発症してしまう。復帰をめざして治療がつづけられたが、患部は良くならず、ダービー以降一度も走ることなく引退している。

　一方のサンエイソロンはなにがなんでも菊花賞を勝たなければいけなかった。

　セントライト記念はメジロティターンの二着だったが、トライアルの京都新聞杯では逃げるロングイーグルを捉え、さらに二馬身半突き放し、レコードタイムで勝った。この年の三冠戦線でもっとも強さを感じさせるレースでもあった。

　これで菊花賞はサンエイソロンで間違いないとだれもが思った。サンエイソロンは四枠九番に単枠指定となった。

　しかし、菊花賞も二着だった。勝ったのは十四番人気のミナガワマンナ。シンザン産駒初のクラシック優勝である。三コーナーの坂のくだりでスパートし、そのまま押しきってしまう強さの前に、サンエイソロンは四馬身差の完敗だった。

　トライアルレースをすべて勝ちながら、皐月賞は出走取り消し、ダービーは鼻差負け、絶対に間違いないといわれた菊花賞も二着だった。

「トライアル三冠馬」

　ファンはサンエイソロンをそう呼んだ。

四歳になったサンエイソロンは大阪杯も勝ったが、故障して天皇賞（春）にはでられなかった。秋は毎日王冠で二着。一番人気になった天皇賞は十二着、惨敗だった。

サンエイソロンはだれもが認める世代のトップランナーだった。大レースではつねに主役として期待されながら勝てなかった。気がついたら二冠馬になっていたカツトップエースとはあまりにも対照的な競走馬人生だった。

アイネスフウジン VS メジロライアン 3

中野コールの裏側で

優勝したアイネスフウジンの中野栄治を称えるコールは突然はじまった。

スタンド一階のゴール付近でおきたコールは波紋のように広がり、気がついたときには競馬場全体を覆っていった。あのダービーに乗っていた騎手たちによれば、その声は地下の検量室まできこえてきたという。それは、前代未聞の、何十年も競馬を見つづけてきた人たちもはじめて目にする光景だった。

一九九〇年五月二十七日、日本ダービー。この日、東京競馬場の入場者は十九万六千五百十七人を数えた。現在も残る、史上最多入場者記録である。

それにしてもすごい人だなあ――。

奥平《おくひら》真治厩舎の厩務員、小島浩三《ひろみ》は黒山の人だかりのスタンドを見ながら思った。内馬場も客であふれている。

小島が担当するメジロライアンは一番人気だった。前走の皐月賞は三着だったが、直線の長い東京ならば、こんどこそ追い込みが決まるだろうと期待されていた。実際、馬の調子もよかった。

北海道小清水町出身の小島浩三はいとこの小島太を頼って上京し、競馬の世界にはいった。最初は小島太が騎手をしていた東京競馬場の高木良三厩舎の厩務員となり、高木が亡くなると奥平真治厩舎に移っている。奥平厩舎ではメジロラモーヌ（牝馬三冠）などの世話をしてきた小島が、ダービーに担当馬をだすのは二頭めである。最初は一九八五年のトウショウサミットで、逃げて十八着だった。〝あんちゃん〟と呼ばれ、多くの騎手仲間に慕われた中島啓之の最後の騎乗となった、悲しくも忘れられないダービーである。

メジロライアンは一九八七年四月十一日に北海道伊達市のメジロ牧場でうまれた。父は有馬記念、天皇賞（春）に勝ったアンバーシャダイ。母メジロチェイサーはメジロサンマン（目黒記念・秋）の娘という、メジロ牧場らしい国産血統である。

ここまでの成績は九戦四勝。二歳のときは〝ソエ〟（管骨の骨膜炎）に悩まされ、初勝利をあげたのは四戦めだった。それでも、六戦めからは三連勝で弥生賞に勝ち、皐月賞ではアイネスフウジンの二番人気になっている。

メジロライアンといえば、たてがみをモヒカン刈りのようにした「ライアンカット」がトレードマークだったが、これには事情があった。二歳の夏、骨膜炎で休養しているときに夏癬《かせん》

（夏に多く発生する寄生虫病）という皮膚病にかかったメジロライアンは、かゆいところを牧柵にこすりつけているうちにたてがみが抜け落ちてしまったのだ。秋になって厩舎に帰ってきたとき、みすぼらしいたてがみを見た小島が短く刈りあげたのだが、大きな体で無骨な印象があったメジロライアンにはよく似合い、それからもずっとたてがみを短くしていたのだ。

乗るのは騎手になって五年めの横山典弘。いまでは「ノリ（典）さん」と慕われている横山も、当時のファンは「ヨコテン（横典）」と呼んでいた、生意気盛りの二十二歳である。横山にダービーについて話を聞いたのは「ノリさん」と呼ばれるようになってずいぶんと時間が経ってからだが、「ヨコテン」のころは、記者から誘導されるかたちで「夢はダービー」と答えた記事もあったそうだが、とくべつダービーに勝ちたいという思いはなかった、と言った。

「（どのレースも）ただ勝ちたいだけで、目標とか夢とかはなかった。恐いもの知らずというか、ぼく自身は『おれが一番うまいんだ、だれにも負けないんだ』という気持ち。ただそれだけでしたね」

「自分が一番うまい」と言う騎手は、デビュー四年めに乗ったダービーで二十一番人気のロードリーナイトを六着に連れてきた。はじめてのダービーに舞いあがることもなく、勝とうと思って乗っていたという。しかし、メジロライアンのときはさすがにプレッシャーを感じていたのか、東京競馬場の調整ルームで同部屋だった鹿戸《しかど》雄一から「寝言を言っていた」と聞かされたそうだ。

絶対に勝たないといけない――。

三番人気のアイネスフウジンに乗る中野栄治は強い気持ちでダービーに臨んでいた。「勝ちたい」とか「勝てるだろう」ではない。どんなことがあっても勝たなければいけないのだ。

アイネスフウジンはここまで七戦三勝。朝日杯三歳ステークスの優勝馬で、一番人気に支持された皐月賞は二着だった。隣の枠からスタートしたホワイトストーンとスタート直後にぶつかるアクシデントがあり、二番手でレースを進めることになったのが最大の誤算だった。強引に先頭を奪って逃げる選択肢もあったが、遅いペースにも馬がうまく順応していたので、中野は四コーナーで先頭に立ってそのまま押しきろうと考えた。ところが、ペースが遅かったことで後続馬につけいる隙を与えてしまい、最後の瞬発力勝負でハクタイセイに負けてしまった。

自信があったぶんだけ負けた悔しさは大きかった。おまけに、皐月賞の中途半端な騎乗には批判も集まり、乗り替わりの話もおきていた。このとき中野はデビュー二十年めの三十七歳。若いときにはスピリットスワプス、ドロッポロードなど人気馬の主戦騎手として活躍し、きれいな騎乗フォームでＪＲＡのコマーシャルに起用されたこともあった。しかし、勝ち数は年平均で二十勝にも満たず、アイネスフウジンの朝日杯がはじめてのＧＩ優勝という地味な中堅騎手である。

それでも調教師の加藤修甫《しゅうほ》はダービーでも中野を起用してくれた。その加藤の恩に報いるためにも、アイネスフウジンのためにも、そしてなによりも自分自身のためにも、ぜったいに勝たないといけなかった。

アイネスフウジンは一九八七年四月十日に北海道浦河町の中村幸蔵牧場でうまれた。中村牧場は日高地方にある典型的な家族牧場だが、父の吉兵衛の時代には菊花賞馬アサカオーを生産している。アサカオーはタケシバオー、マーチスと三強と呼ばれ、皐月賞とダービーは三着だったが、奇しくも、アイネスフウジンもまたハクタイセイ、メジロライアンとともに三強と評されてダービーに臨むことになった。

アイネスフウジンは父シーホークのスタミナと、母テスコパールの父テスコボーイのスピードをほどよく受け継いでいた。五百キロを超える大きな馬でも体は柔らかく、とくに腰の筋肉がすばらしかった。速いペースを持続する能力に傑出していて、おなじシーホーク産駒のモンテプリンス（天皇賞・春、宝塚記念）を思いおこさせる馬だった。

皐月賞の反省から、中野は、ダービーではどんなことがあってもハイペースに持ち込もうと考えていた。肝心なのはアイネスフウジンのペースで二千四百メートルを走りきることだ。皐月賞のようにスローペースになると瞬発力のあるハクタイセイやメジロライアンには敵わないが、速いペースで逃げれば、追走してくる馬たちのスタミナは消耗する。

中野の腹は決まっていた。

大歓声のなか、ファンファーレが鳴る。小島浩三は馬をゲートに導いた。メジロライアンは落ち着いている。小島も横山典弘も普段は陽気な男だが、パドックから会話はない。ダービー独特の緊張感がふたりを無口にさせていた。

二十二頭の馬がゲートにおさまる。巨大な歓声が沸きおこり、レースがはじまった。

ゲートが開いた瞬間、アイネスフウジンはでるのを躊躇した感じだった。ところが、いいスタートをきって先頭をうかがう気配を見せた二番人気のハクタイセイも控え、ほかに積極的に前に行く馬はいない。自然とアイネスフウジンが先頭に立って一コーナーをまわることになった。

あれっ、こんなんでいいの？　中野栄治も拍子抜けするほど楽に、アイネスフウジンが逃げる展開となった。そのまま速いペースで馬を走らせる。向こう正面を走っているとき、遠くスタンドから歓声が沸くのがきこえてきた。その歓声で、後続を離して逃げていることを中野は確認する。いい展開だ。

アイネスフウジンはコースのやや外めをとおって逃げていた。中野は前日のレースで内側の五頭分ほどの芝が荒れていることを確認していた。三コーナーをまわって、馬にちょっと息を入れさせようと思ったとき、インコースからハクタイセイが迫ってきた。

あそこを走らせてはだめだ。ハクタイセイはないな――。

中野は思った。ハクタイセイの武豊はデビュー四年めの二十一歳。ダービーは三度めの騎乗だが、人気馬での参戦ははじめてだ。

ハクタイセイがきたことでやる気になったのか、アイネスフウジンは息を入れることもなくそのまま速いペースで飛ばしていく。結果的にこれがよかった。追ってくる馬たちは確実にスタミナを奪われていった。

直線に向く。ハクタイセイを突き放し、アイネスフウジンは逃げきり態勢にはいる。そこに外からメジロライアンが追い込んでくる。

小島浩三は外埒沿いをゴール方面に歩きながら、ターフビジョンでレースを追っていた。中団を進んでいたメジロライアンは直線に向くと、大外に進路をとった。小島の目の前をライアンが勢いよく追い込んでいく。いい脚だ！

「それっ！　それっ‼」

声がでる。しかし、届かなかった。

アイネスフウジンはメジロライアンの追い込みを一馬身四分の一差抑えて、二千四百メートルを逃げきった。優勝タイム二分二十五秒三は従来の記録を一秒も更新するダービーレコードだった。八度めの挑戦ではじめて先頭で駆け抜けたダービーのゴール。中野はその余韻を楽しむように向こう正面まで馬を走らせると、ウイニングランにはいろうとした。ところが、ハイペースで逃げて、驚異的なダービーレコードで走りきったアイネスフウジンは精根尽き、動けなかった。気がついたときには、ほかの馬たちはすべて引きあげてしまっていた。

そのときだった。中野の名前を叫んでいる大観衆の声がきこえてきた。史上最多となる入場者を飲み込んだスタンドから、自分の名前が波のように押しよせてくる。なにがおきたのかわからない中野は、ゆっくりとアイネスフウジンを歩かせていた。

負けたメジロライアンの小島は馬を迎えるために地下道に急いだ。皐月賞同様にもどかしさと悔しさが残ったが、横山はうまく乗ったし、ライアンもよく走った。それ以上に中野にうまく乗られたんだ。

「いやあ、悪いね。すまないね」

メジロライアンの背にいる横山が言った。

「そんなことないよ、運がなかったんだ」

ふたりはこの日はじめてことばをかわした。ゴール後にはじまった「中野コール」が大きくなり、地下道にもきこえていた。

ダービー馬となったアイネスフウジンは菊花賞をめざしていたが、前哨戦のセントライト記念を前にして左前脚に屈腱炎を発症し、そのまま引退が決まった。北海道静内町のレックススタッドで種牡馬となり、ファストフレンド（大井・東京大賞典）などの父になった。

メジロライアンは菊花賞もメジロマックイーンの三着、オグリキャップのラストランとなった有馬記念で二着、さらに翌年の天皇賞（春）はメジロマックイーンの四着だったが、宝塚記念でついにGIを勝ちとった。横山典弘がスタンド前でヘルメットをとり、ファンに一礼したシーンが印象的だった。

メジロライアンが勝ったGIはこのひとつだけだったが、静内町のアロースタッドで種牡馬になると、メジロブライト（天皇賞・春）やメジロドーベル（オークスなどGI五勝）などの活躍馬を輩出する人気種牡馬となった。

フサイチコンコルド VS ダンスインザダーク 4

調教師の執念

どちらかといえば強面でがっしりした体の小林稔は、どことなく近寄りがたい雰囲気を醸しだしながらも、取材者には協力的な調教師だった。ずっと寝泊まりしていた厩舎の応接室に取材者を招き入れては、開業した当時からつけているという「調教日誌」を見ながら丁寧に受け答えをしてくれた。ひととおりの取材が終わると、こんどは自分からいろんな話をしてくれた。騎手だったころの話、戦中、戦後の混乱期の、活字にしにくいような話もあった。そして最後はかならず戦国時代の話になる。

「好きなのは信長だが、家康のように天下をとりたい」

小林を取材した人ならば、一度や二度そんな話を聞かされているはずだ。

「一に我慢、二に我慢、三、四がなくて五に我慢」

小林は口癖のように言い、そのとおりの結果も残した。我慢に我慢を重ねて仕上げた馬はよく走り、小林厩舎には「休み明けでも走る厩舎」「古馬になって強くなる厩舎」という評価も定まっていた。

だが、小林が一度だけ禁を破り、賭けにでたレースがある。一九九六年、フサイチコンコルドのダービーである。

フサイチコンコルドは北海道早来町（現安平《あびら》町）の社台ファーム・早来（現ノーザンファーム）にうまれた。母のバレークイーン（父サドラーズウェルズ）は未出走馬だが、その母はイギリスのオークスとセントレジャーに勝った名牝サンプリンセスで、近親にも多くの活躍馬がいる。バレークイーンは社台ファーム・早来の場長だった吉田勝已がイギリスのタタソールズ社のせりで買った牝馬で、上場されたときにはフランスダービー馬カーリアンの仔を受胎していた。カーリアンはジェネラス（イギリスダービー）をはじめ欧米でGI馬を輩出していた世界的な名種牡馬である。

「血統はもちろんですが、とにかく馬体がすばらしい牝馬で、しばらくその場から動けなかったほどです」

のちに吉田勝已は語っているが、一九九三年二月十一日に誕生した仔馬もまたすばらしい馬で、「この馬でダービーをとろう」と牧場のスタッフと話していたという。ノーザンファーム（社台ファーム・早来）は二〇二三年のタスティエーラまで十二頭のダービー馬を生産しているが、フサイチコンコルドがうまれた当時はまだダービーに勝っていない。一九八六年のダイナガリバーも一九九五年のタヤスツヨシも社台ファーム・千歳（現社台ファーム）の生産馬だった。

「この馬はおれがもらう」

そのひとことでバレークイーンの産駒を預かることになったのは小林稔である。それも、仔馬がうまれる前の話だ。豪快そうに見えても、几帳面で地道な努力を惜しまない小林は、繁牝馬に種付けしたときから血統をチェックし、気に入った血統の仔馬がうまれたと聞くとだれよりも先に見に行った。そして、母馬の腹のなかにいるときから〝予約〟していた仔馬を見た小林も「ダービーを狙える馬だと思った」と言う。

それほどの馬を買ったのは関口房朗《ふさお》である。技術者派遣会社メイテックやベンチャーセーフネットを創業した起業家で、一九九〇年代から二〇〇〇年代はじめにかけて高額馬を買い集め、「フサイチ」の冠名で走らせていた馬主だ。国立競技場でおこなった入社式で闘牛を開催したり、四百万ドル（当時のレートで約五億六千万円）で落札したフサイチペガサスがアメリカのケンタッキーダービーに勝ったときには、舞妓をひきつれてチャーチルダウンズ競馬場（ケンタッキー州）に乗り込んだりと、とにかく派手なパフォーマンスで話題となった人だった。

二歳の九月末、フサイチコンコルドは栗東トレーニングセンターの小林厩舎にはいっている。それが強い近親配合（父カーリアンはノーザンダンサーの直系の孫で、母の父サドラーズウェルズはノーザンダンサー産駒）に起因しているのかどうかはわからないが、馬は立派だが、体質の弱い馬だった。長距離輸送のたびに熱をだすのである。

北海道から宮城県山元町の山元トレーニングセンターを経由して栗東にはいったフサイチコ

ンコルドは、山元トレセンに着いたときに四十度の熱をだし、栗東に着いてからも微熱がつづいた。その影響で、十一月に予定していたデビューは年明けの一月までずれ込んでいる。

騎手は六年めの藤田伸二になった。四年前のエリザベス女王杯では十七番人気のタケノベルベット（小林稔厩舎）でファンを驚かせた藤田は、エネルギーに満ちあふれた若手で、穴党のファンにも人気があった。

藤田を乗せたフサイチコンコルドは京都千八百メートルの新馬戦を勝つと、二か月の間隔をとって阪神のすみれステークスも完勝する。これで二戦二勝となったが、小林は皐月賞は最初から使うつもりはなかった。中山競馬場までの輸送は東京の都心をとおるために時間もよけいにかかるからだ。

目標をダービーに絞った小林は、その前哨戦として青葉賞も考えたが、ゴールデンウィーク中の開催で渋滞に巻きこまれる恐れがあり、一週あとのプリンシパルステークスを使うことにした。しかし、東京競馬場までの輸送で熱をだしてしまう。結局、ここで無理をしてはダービーは使えないと判断し、出走を断念する。賞金面ではダービーにでられるかどうかぎりぎりだった。

フサイチコンコルドが出走を断念したプリンシパルステークスに勝ったのはダンスインザダークだった。

ダンスインザダークは社台ファーム・千歳の生産馬で、六月五日と遅うまれだった。父はサンデーサイレンス。ダンスインザダークは二年めの産駒だから、血統的な評価はまだ定まっていない。母のダンシングキイ（父ニジンスキー）は九〇年代を代表する名繁殖牝馬として知られるようになるが、ダンスインザダークがうまれたときは兄のエアダブリン（ダービー二着）も姉のダンスパートナー（オークス）もデビューしていない。

ダンスインザダークはクラブ法人の社台レースホースの所属馬となり、栗東の橋口弘次郎厩舎に預けられる。牧場で馬を見た橋口は馬体に大物感を感じたという。遅うまれで、ほかの仔馬たちと比べると幼さはあったが、「クラシックにだすだけでなく、狙える馬だと思った」とのちに語っている。

橋口は吉永猛《たける》、松井麻之助厩舎の調教助手を経て一九八〇年に三十四歳で調教師免許を取得、八二年に厩舎を開業した。一九九〇年には四十五勝をあげてリーディングトレーナーになるなど腕は確かな調教師だったが、クラシックには縁はなかった。

GⅠは十一番人気のレッツゴーターキンで勝った一九九二年の天皇賞（秋）がはじめてだった。レッツゴーターキンは社台ファーム・早来の生産馬で、馬主も社台グループの日本ダイナースクラブだった。その日の夜。社台ファームの祝勝会が新宿の寿司店で催された。吉田照哉が「親父も喜んでいるから」と電話を橋口に渡した。社台ファーム社長の吉田善哉は入院中だった。橋口が善哉と話をするのはこのときがはじめてで、善哉は翌年の夏に亡くなる。

レッツゴーターキンによって社台ファームの信頼を得た橋口に、翌年の春にうまれたサンデーサイレンスの牡馬が預けられた。ダンスインザダークである。

こうして橋口厩舎にはいったダンスインザダークの騎手は武豊になった。姉のダンスパートナー（白井寿昭厩舎）でオークスに勝ったばかりの武は、社台ファームでトレーニングされていた弟に乗る機会があり、馬のすばらしさを感じていた。橋口もまた最初から武に依頼するつもりでいた。騎手になって九年になる武はすでに七度もダービーに騎乗しているが、一九九三年にナリタタイシンで三着になったのが最高の成績だった。

ダンスインザダークのデビュー戦は二歳の十二月、阪神競馬場のマイル戦だった。エアダブリン、ダンスパートナーの弟ということで評判も高かったダンスインザダークは、直線で内にふらついたり、若さを見せながら完勝している。しかし、二戦めのラジオたんぱ杯三歳ステークス（現ホープフルステークス）では、おなじサンデーサイレンス産駒の二頭、ロイヤルタッチとイシノサンデーに遅れをとって三着。さらに三歳になってきさらぎ賞でもロイヤルタッチの二着と勝ちあぐねていた。

それでも、弥生賞では後方から追い込んで、ツクバシンフォニーに一馬身の差をつけて優勝、イシノサンデーを三着に退けている。ダービーの三日後に満三歳の誕生日を迎える遅うまれの馬も、ようやく力がついてきた感じだった。

ところが皐月賞の週の月曜日。馬主のゴルフコンペに参加していた橋口に厩務員から電話がはいる。ダンスインザダークが「熱をだした」というのだ。慌てて厩舎に帰った橋口は、馬のようすを確認し、皐月賞回避を決断した。前の週には二歳チャンピオンでスプリングステークスを快勝していたバブルガムフェローが骨折していて、さらにダンスインザダークも回避と、有力馬にアクシデントが相次いでいた皐月賞はイシノサンデーがロイヤルタッチを退けて優勝した。

さいわいダンスインザダークは元気で、その後の経過もよかったので、東京のコースを経験させることを考えてプリンシパルステークスを使うのだが、相手も弱く、二馬身差の楽勝だった。余裕をもってステップレースをクリアしたダンスインザダークがダービーの本命馬となった。

小林稔は迷っていた。発熱でプリンシパルステークスを回避したフサイチコンコルドは五日間調教を休んだために、ダービーまで二週間で仕上げていかないといけない。それは「一に我慢、二に我慢……」で馬をつくってきた自分の信念に反することだった。しかし、フサイチコンコルドは調教師になってはじめて、「ダービーを勝てる」という手応えを感じた馬なのだ。

戦国時代が好きな小林に言わせると、ダービーの勝利は「天下統一」を意味した。一九八二年にロングヒエン（三番人気、十五着）を出走させて以来八度（九頭）ダービーに挑戦し、一九八五年のランドヒリュウの四着が最高の成績だった。一九八九年にはロングシンホニーが一番人気に支持されたが、五着に負けていた。

「天下統一」に執念を燃やす小林は、ダービー前になるといつも口を閉ざした。わたしもべつの年に一度経験している。何度か電話を入れ、厩舎をたずねてもまったく取材に応じてくれない。しかたなく厩舎の近くで待っていると、見かねたのか、小林から声をかけてくれた。

「すまんな。ダービーの前はどこも取材をお断りしている。終わればなんでも話すから、きょうは勘弁してくれ」

小林はダービーに向けていっさいの雑念を払い、フサイチコンコルドの仕上げに全神経を注ぎ込んだ。毎日、心配しながら体温を計った。懸念された収得賞金も、なんとか出走圏内にとどまっていた。そして、最大の問題点だった東京競馬場までの輸送も、いつもより二時間早く、まだ涼しい時間帯に馬を積み込んで運んだ。それが功を奏したのか、今回は熱をださなかった。そしてついに、フサイチコンコルドは奇跡を呼び寄せる。一九九六年六月二日のことである。

一番人気はダンスインザダークで単勝二・三倍だった。武豊のダービー初勝利の期待もかかっている。二番人気はロイヤルタッチで三・九倍。勝てば兄のウイニングチケットとの兄弟制覇となる。皐月賞馬のイシノサンデーが三番人気（六倍）、京成杯と共同通信杯を逃げきっているサクラスピードオーが四番人気（八・四倍）でつづき、フサイチコンコルドは七番人気で単勝は二十七・六倍だった。

レースは大方の予想どおりにサクラスピードオーの逃げで展開した。三番枠からスタートしたダンスインザダークは二、三番手と、いつもより前で勝負している。十三番枠のフサイチコンコルドはいくらか出遅れ気味のスタートだったが、藤田は慌てず、うまくインコースにはいると、コーナーを利用して前にあがって行く。向こう正面ではダンスインザダークの背後にポジションをとり、あとは相手の動きを見ながら、ぴったりとマークするように進んでいた。

「外枠だったので、どうやってインコースにはいるかだけを考えていました。うまく内にはいれたので、道中はダンスインザダークに照準を合わせて、向こうが動きだすのを待って仕掛けました」

レース後、藤田伸二は語っている。ベテラン騎手でも舞い上がってしまうダービーでも、二十四歳の藤田は冷静だった。

直線にはいってあと四百メートル。サクラスピードオーが苦しくなると、満を持してダンスインザダークが先頭に立つ。

ついに武豊がダービーに勝つ！　大歓声が沸く。

しかし、ラスト百メートルをきったところで外から勢いよく迫ってきたフサイチコンコルドが、馬体を並べる間もなく前にでる。その瞬間、藤田の右手が高くあがった。

フサイチコンコルドとダンスインザダークとは首差だった。そこから一馬身四分の三差遅れてメイショウジェニエが皐月賞につづく三着に頑張った。四着はロイヤルタッチ、サクラスピードオーが五着に粘り、イシノサンデーは六着だった。

「こんなに苦労した馬は調教師人生ではじめてだ。出走も迷ったが、一生に一度のレースだから、五里霧中のなかで、いい状態に仕上げようと努力しました」

悲願だった「天下統一」を成し遂げたよろこびを抑えるように小林はここまでの苦労を語った。おもしろいもので、家康のように我慢しながら馬を育ててきた小林は、その信念を捨てて勝負し、競馬界の頂に立ったのだ。

キャリア二戦、三か月ぶりのレースでダービー馬となったフサイチコンコルドは「奇跡のダービー馬」とか「和製ラムタラ」と呼ばれた。ちょうど一年前に、キャリア一戦、肺炎を患って十か月ぶりのレースとなったイギリスダービーをレコードタイムで勝ったのがラムタラである。

秋、フサイチコンコルドはオープン特別のカシオペアステークス二着をステップに臨んだ菊花賞はダンスインザダークの三着に敗れた。そのあと休養にはいり、復帰戦に予定していた大阪杯の前に右前脚に骨膜炎を発症し、引退が決まった。生涯で五戦しかできなかった馬の、唯一の重賞勝ちがダービーだった。フサイチコンコルドはまさに「奇跡のダービー馬」だった。

一方のダンスインザダークは京都新聞杯一着のあと菊花賞ではロイヤルタッチに半馬身の差をつけて優勝、最後のクラッシックを手にした。しかし、レースのあと右前脚に屈腱炎を発症、引退を余儀なくされた。ダンスインザダークではじめてのクラシックを手にした橋口弘次郎は、それから数多くの名馬を育てていくが、一番人気馬で臨んだダービーを首差で逸した悔しさを、このあと長く味わうことになる。

5 ワンアンドオンリーVSイスラボニータ

悲願への攻防

橋口弘次郎について忘れられないことがある。栗東トレーニングセンターに坂路コースが完成して間もないころだった。コース取材のためにカメラマンとふたりでコースを下っていたとき、下から登ってくる人がいた。それが橋口だった。栗東に坂路ができた当時、積極的に利用していたのは戸山為夫をはじめ渡辺栄、橋口らがいたが、まだ少数派だった。

「なにをしてるの?」「坂路の取材です」「それじゃ、案内してやるよ」

そんなやりとりがあったと記憶している。橋口は一緒に歩きながら坂路コースについて説明してくれた。橋口厩舎ではサンキンハヤテ（阪急杯など重賞三勝）が活躍していたころだった。なんていい人なんだろう——。当時はまだ昔気質の調教師も多く、調教師は怖いというイメージがあったから、よけいに「いい人」という印象が残った。

橋口は開業九年めの一九九〇年にリーディングトレーナーとなり、その後も活躍馬を輩出していくのだが、ダンスインザダークで二着に負けたダービーは、毎年のように出走させながら勝てないでいた。可能性のあったレース、惜しいレースはいくつもあった。二〇〇〇年には皐月賞二着で二番人気のダイタクリーヴァが十二着、〇三年は菊花賞馬となるザッツザプレンティで三着、〇四年のハーツクライと〇九年のリーチザクラウンが二着、そして一〇年のローズキングダムも首差の二着だった。

しかし二〇一四年。ツルマルミマタオー（一九九〇年、四着）をはじめてダービーに出走させてから二十四年、ようやく「ダービートレーナー」の称号を手にするときがくる。馬はワンアンドオンリー。坂路が完成したころには調教師のなかでは若手だった橋口も、一年半後に定年を迎える年齢になっていた。

ワンアンドオンリーは二〇一一年二月二十三日、北海道新冠《にいかっぷ》町のノースヒルズでうまれた。父はハーツクライ。ダービーは二着だったが、有馬記念でディープインパクトを破り、ドバイシーマクラシックにも勝った、橋口には忘れられない名馬だ。母のヴァーチュ（父タイキシャトル）は短距離を中心に走って二十七戦三勝、ワンアンドオンリーが三頭めの産駒になる。

ワンアンドオンリーは二歳の六月に橋口厩舎にはいったが、まだ体の線も細く、とてもダービーを期待されるような馬ではなかった。デビューは二歳夏の小倉で、十六頭立ての十番人気と評価も低く、十二着に終わっている。パドックでは激しく入れ込み、レースもただうしろで走ってきただけだった。

新馬戦で人気も着順も二桁だったダービー馬はあとにも先にもワンアンドオンリーだけである。雷鳴とどろく夕立のなかでダービーに勝ったアサデンコウは十二番人気でデビューして四着だった。戦前には三頭立ての最下位でデビューしたトクマサと牝馬のヒサトモの例もあるが、戦後になるとマツミドリ（十一頭立ての七番人気で八着）やダービー史上最大の大穴（単勝五万五千四百三十円）として名を残すタチカゼ（六頭立ての四番人気で四着）などがデビュー戦でふるわなかったダービー馬だが、ワンアンドオンリーよりもまだいい。

それでもダービーに勝つような馬は成長が早い。三戦めに初勝利をあげたワンアンドオンリーは、六戦めのラジオＮＩＫＫＥＩ杯二歳ステークス（現ホープフルステークス）に勝っている。中団のうしろを進み、直線で外から勢いよく伸びてくる、力強い勝ち方だった。前走の東京スポーツ杯二歳ステークス（六着）から手綱をとっていた横山典弘はこの日は中山競馬場で騎乗していたために、クリストフ・ルメールが騎乗している。

重賞に勝ってクラシックの出走権を確実にしたワンアンドオンリーは厩舎でじっくりと調教を施されている。近年はレースの合間に育成牧場で調整する馬が多くなったが、橋口はワンアンドオンリーを自分の手元に置いて調教していった。クラシックまでに教えることがまだいくつもあった。

三歳のスタートは弥生賞で、ノーザンファーム産の評判馬トゥザワールドの鼻差の二着だった。後方をゆっくりと進み、直線で外から一気に追い込んできたレースぶりに大きな成長をうかがわせた。二歳時は生産牧場のノースヒルズの名義で走ったワンアンドオンリーは、弥生賞から代表の前田幸治の勝負服にかわっていた。

つづく皐月賞は四着だった。最後方からのレースになり、三コーナー過ぎから外をまわって追い込んできたが、優勝したイスラボニータに二馬身ほど届かなかった。それでも最後の伸びは一頭際だっていて、ダービーへの期待は高まった。

皐月賞に勝ったイスラボニータは二〇一一年五月二十一日にうまれた。生産地は北海道浦河町だが、生産者は母馬を所有していた社台コーポレーション白老《しらおい》ファーム（北海道白老町）である。白老ファームは社台ファーム（創業時は千葉県）を創業した吉田善哉が北海道に進出したときに最初につくった牧場で、吉田照哉（社台ファーム）、勝已（ノーザンファーム）、晴哉（追分ファーム）の三兄弟で運営する社台コーポレーションの所有となっている。

父はフジキセキ。四戦四勝で弥生賞を制しながら皐月賞前に屈腱炎で引退を余儀なくされたが、種牡馬として大成功し、二〇一一年には当時の国産種牡馬の最多勝記録を打ち立てていた。母のイスラコジーン（父コジーン）はアメリカで十一戦二勝、重賞でも活躍し、シーザリオが勝ったアメリカンオークスで九着だった馬だ。二〇〇九年に輸入されたが、その年は受胎せず、イスラボニータが日本ではじめての産駒になる。

社台レースホースの所属馬となったイスラボニータは、美浦トレーニングセンターの栗田博憲厩舎に預けられる。やわらかな黒鹿毛は見栄えがして、どこか父を彷彿とさせる馬だった（フジキセキは青鹿毛）。

主戦騎手は蛯名正義になった。武豊と同期の四十四歳。すでに二千百勝を超える勝ち星をあげている、関東を代表するトップジョッキーだ。

二〇一三年のダービーが終わった翌週、東京の千六百メートルでデビューしたイスラボニータは、スタートで出遅れながら直線であっさりと抜けだしてきた。つづく新潟二歳ステークスでは桜花賞馬となるハープスターに突き放されて二着だったが、それからは東京千八百メートルのいちょうステークス、東京スポーツ杯二歳ステークス、共同通信杯と三連勝している。レース内容も格段によくなっていた。スタートがうまく、先行していいポジションをキープし、直線で蛯名が促すと素早く反応してスパートする、憎らしいほどおとなびた走りができる馬だった。

皐月賞では右回りのコース経験がないことを懸念する声もあり、一番人気は弥生賞を勝ったトゥザワールドに譲ったが、レースは完璧だった。いつもよりうしろの中団を進み、前にいるトゥザワールドをマークするようにあがっていくと、直線できっちりと捉えてみせた。

調教師の栗田博憲はタレンティドガール（エリザベス女王杯）、ヤマニンゼファー（天皇賞・秋、安田記念）、シンコウフォレスト（高松宮記念）といったGI馬を育ててきたが、二〇〇〇年代にはいってからは成績が落ち込んでいて、意外にもこの皐月賞がクラシック初優勝だった。

蛯名正義はJRAのGI二十勝めとなった。春秋の天皇賞も有馬記念もジャパンカップも勝ち、クラシックレースも菊花賞、桜花賞、オークスにつづく優勝で、完全制覇まで残すのはダービーだけになった。ダービーは一九九一年に皐月賞二着のシャコーグレイド（三番人気で八着）に乗ったのが最初で、以来、二十一度騎乗して五着以内に七度きているが、勝つまでは至らなかった。二〇〇二年には皐月賞馬ノーリーズンに騎乗したが二番人気で八着に負けた。もっとも惜しかったのは二〇一二年にディープブリランテに鼻差で負けたフェノーメノだった。大外から勢いよく追い込んできて、届いた！　と思ったところがゴールだった。

〝二十二度めの正直〟を期す蛯名が乗るイスラボニータはダービーで単勝二・七倍の一番人気に支持された。蛯名はダービーで一番人気の馬に乗るのははじめてだった。二番人気はトゥザワールドで三・九倍。ワンアンドオンリーは五・六倍で三番人気だったが、ここまで七戦して、初勝利の未勝利戦で二番人気となったのが最高人気である。ちなみに、一度も一番人気にならずにダービーに勝ったのはワンアンドオンリーのほかに一九七六年のクライムカイザーと二〇〇〇年のアグネスフライトだけである。

ダービー当日、横山は「たぶん勝つんだろうなと思っていた」と言う。この日、東京競馬場には皇太子が来場していた。皇太子の誕生日は二月二十三日だが、横山もワンアンドオンリーもオーナーの前田も二月二十三日うまれだった。ワンアンドオンリーのダービーを語るときの、有名なエピソードである。

「ほんとうに、こんなことがあるんだな、と思いました」

横山に話をきいたのはあのダービーの三年後だった。

「あのときは、橋口先生の執念というか人柄というか、敵も味方もないような感じで、みんなが橋口先生を応援していた。そこにぼくがたまたま乗せてもらったんです」

橋口と横山はダービーでちょっとした因縁もあった。ハーツクライが二着に負けたときの騎手は横山で、五年前に横山がロジユニヴァースではじめてダービーに勝ったとき、二着は橋口厩舎のリーチザクラウンだった。勝って引きあげてきた横山が馬から降りると、真っ先に手をさしのべてくれたのは橋口だった。「よかったなあ」と橋口は笑顔で横山を祝福してくれたそうだ。

「ふつうは悔しがるじゃないですか。そこが橋口先生のすばらしさで。だから、先生はみんなに好かれているんです」

横山がワンアンドオンリー陣営から「ダービーまで乗ってほしい」という依頼を受けたのは東京スポーツ杯のときだった。まだクラシックにでられる可能性さえ薄かった時期だが、横山はふたつ返事で引き受けた。それからラジオＮＩＫＫＥＩ杯を除いてずっと手綱をとってきた横山は「あのダービーは橋口先生でまわっていた」と表現した。

橋口の長年の思いを乗せたワンアンドオンリーは二番枠からスタートすると、いままでと一転、前で勝負にでた。横山によれば「ハナ（先頭）に行ってもいいぐらいの気持ち」で先行したのだという。そして一、二コーナーをまわったときには「決まったなと思った」とも言った。

「こんなに最高の位置にいられるんだ。願ってもないところにはいれました」

たいするイスラボニータも絶好の三番手を進んでいた。

一頭で離して逃げたエキマエが三コーナーをまわったところで故障して下がっていくと、後続の馬群がひとかたまりとなって直線に向く。ワンアンドオンリーは抜群の手応えだった。すぐ前にはイスラボニータがいた。こちらも余裕たっぷりに先頭をうかがっている。

直線のなかほどを過ぎて二頭が並ぶようにして前にでる。逃げるイスラボニータ、追うワンアンドオンリー。馬体を並べて競り合う二頭に、蛯名正義の思いと橋口弘次郎の執念が重なる。最後は追われるものと追うものの差がでたのか、あるいは短い距離で活躍する産駒が多いフジキセキの血が限界を感じたのか、ゴールでは四分の三馬身差、ワンアンドオンリーが前にでていた。

「百点満点に近いレースができた」と横山は言った。ただ、このダービーは、自分が一度勝っていたこともあるが、「なによりも橋口先生のダービーだった」とつづけた。

「だれしもダービーは勝ちたいけど、その情熱が四十年重なっている。その年季が違う。だから、他人事のように『先生、よかったね』って。そんなダービーだった」

二〇一四年六月一日、橋口弘次郎がダービートレーナーになったあの日、スタンド地下にある検量室前は、勝った人も負けた人も、馬券を当てた人も外したわたしも、だれもがよろこんでいた。橋口のダービー優勝を、みんなが祝福していた。あんな穏やかな空間で取材をしたのははじめてだった。

ワンアンドオンリーは神戸新聞杯を一番人気で勝ち、菊花賞も一番人気になったが九着に敗れ、それからは六歳の秋まで走り、国内外で二十二戦して勝てなかった。橋口弘次郎にダービーを贈るためにすべてのエネルギーを使いはたしてしまったかのようだった。

一方、イスラボニータもセントライト記念を勝ったが、菊花賞に向かわず、天皇賞（秋）に挑んで三着だった。そのあとジャパンカップで九着に負けてからはマイル路線に転向しマイラーズカップと阪神カップに勝った。しかし、GⅠには届かなかった。

蛯名正義は二〇一六年にも一番人気のディーマジェスティ（皐月賞）でダービーに挑んだが三着に終わった。二〇一八年のゴーフォザサミット（七着）が最後のダービーだった。二〇二一年に騎手を引退し、調教師に転じた蛯名は、あらためて調教師としてダービーにチャレンジすることになる。

「ことしは蛯名先生でまわっていたダービーでした」

そう言われる日がきっとくる。

ロジャーバローズ＆サートゥルナーリア

角居勝彦、最後のダービー

6

内で食い下がるヴェロックスとダノンキングリーをねじ伏せるようにして、サートゥルナーリアが先頭でゴールインした。三頭の着差は頭、鼻。きわどい勝負だったが、力の違いを感じさせる勝利だった。

ところが、着順掲示板には「審」の文字が点灯している。外から追い込んできたサートゥルナーリアが内に斜行し、ヴェロックスの進路を妨害してしまったのだ。審議は思った以上に長く、十分ほどつづいたが、着順はかわらなかった。ただ、クリストフ・ルメールには過怠金五万円が課されている。ヴェロックスの前にでた瞬間、サートゥルナーリアが気を抜いて、ふらついたのが原因だった。それまで主戦を務めていたミルコ・デムーロがアドマイヤマーズ（二番人気、四着）に乗るために、ルメールにまわってきたのだが、はじめて騎乗した馬の性格や癖をまだ把握できていなかったのかもしれない。

二〇一九年四月十四日、サートゥルナーリアはデビューから四連勝で皐月賞馬となった。ホープフルステークスにつづいてGⅠ連勝であり、無敗で皐月賞を突破するのは二〇〇五年のディープインパクト以来となる。スタートも良く、レース中はリズム良く走り、最後にしっかりと伸びてくる。斜行を除けば理想的なレースぶりで、スーパースター誕生を予感させた。

着順が確定し、サートゥルナーリアと関係者が表彰式に向かっているとき、検量室の近くで角居《すみい》勝彦調教師の姿を見つけた。ひさしぶりに会い、あいさつし、表彰式にでないのかと訊ねると、「さすがに、きょうは……」と、角居は小さく笑った。

前年の七月、角居は酒気帯び運転で衝突事故をおこして逮捕され、JRAから半年間の調教停止処分を受けていた。その間、角居厩舎の馬はすべて中竹和也調教師の管理下に移された。角居は厩舎スタッフとの連絡もできず、サートゥルナーリアのホープフルステークスを含め、家のテレビで「自分の馬」が走るのを見ているだけだったという。

処分が解除になったのは一月七日で、そこから厩舎に戻ってクラシックをめざしてきたが、まだ、ファンの前で表彰台に立つのは憚《はばか》られたようだ。サートゥルナーリアの口取り写真には角居は写っていない。

それでも、共同記者会見には姿を見せている。いつものように小さな声で、淡々と、質問に答えていく。長い審議の結果については「うれしいですね」と言ってつづけた。

「あれだけの激しいレースをしたことがなかったですし、馬が戸惑っていたのかもしれません」

母親のシーザリオについて訊ねられると、角居も笑顔になった。

「日本を代表する血脈になってくれたのかなという気持ちです」

角居厩舎に所属してオークスに勝ったシーザリオはエピファネイア（父シンボリクリスエス、菊花賞、ジャパンカップ）、リオンディーズ（父キングカメハメハ、朝日杯フューチュリティステークス）と二頭のGI馬を産んでいた。サートゥルナーリアは九番めの産駒で、二〇一六年三月二十一日に北海道安平町のノーザンファームでうまれた。母や兄たちとおなじくノーザンファーム系のクラブ法人、キャロットファームの所属馬となり、クラブでの販売価格は一億四千万円（一口三十五万円で四百口）。兄のエピファネイア（六千万円）、リオンディーズ（一億二千万円）を上回っている。

ただ、ダービーはエピファネイアが二着、リオンディーズも五着に負けている。加えて、サートゥルナーリアの父は名スプリンターのロードカナロアである。そこに不安を感じている記者も多かったが、角居は「距離は心配していない」と言った。

「調教のしやすい馬ですし、かかることもありませんから、距離の壁はないと思っています」

わたしが角居にあらためて取材をしたのは、サートゥルナーリアが有馬記念に出走するときだったが、そのときも角居は「距離は大丈夫」と繰り返している。

「兄と比べて、サートゥルナーリアのほうが血統的には短いはずなのに、操作性が高いので、思っているほど引っかかる（前に行きたがる）イメージはないですね。器用な馬なので、距離（有馬記念の二千五百メートル）は大丈夫だと思います。むしろ兄たちほうがハミを噛んで、前に行きたがった馬でしたから」

短距離専門の血統と思われていたロードカナロアの産駒は素直で扱いやすいと、ロードカナロア産駒に携わった人たちは口を揃える。レースでもむきになって前に行くこともなく、馬のうしろで我慢できるから長めの距離にも対応できるというのだ。

サートゥルナーリアはダービーで一・六倍の圧倒的な一番人気に支持された。


この年のダービーには角居厩舎からもう一頭出走していた。単勝九十三・一倍の大穴、十二番人気のロジャーバローズである。

ロジャーバローズは北海道新ひだか町の飛野《とびの》牧場で生産された。飛野牧場は十五頭ほどの繁殖牝馬を揃え、従業員六人。日高の平均的な牧場である。

場主の飛野正昭は牝馬の質を高めるために、借金をしながら優秀な繁殖牝馬の近親を買い集めてきた。リトルブックもその一頭で、イギリスからの輸入馬である。未勝利馬だがジェンティルドンナの母ドナブリーニの半妹になる。ジェンティルドンナが「牝馬三冠」を達成した二〇一二年、イギリスのせり会社タタソールズ社から送られてきたリトルブックのカタログを見た飛野は、せりに行くジェイエス（馬専門の商社）の社員に依頼して落札してもらった。インヴィンシブルスピリットという種牡馬の仔を宿した価格は二十三万ギニー（当時のレートで約三千二百四十万円）。それまで飛野が買った、もっとも高い牝馬だった。

翌年の春、最初の仔を出産したリトルブックに、飛野はディープインパクトを種付けした。

ディープインパクトは種牡馬になった一年めから種付けしている。

飛野は若いときに社台ファームの吉田善哉にかわいがってもらった。吉田について海外の牧場やせりに行き、ノーザンダンサーやニジンスキー、セクレタリアトなど世界的な名馬を直に見てきた。そのなかで、もっとも強烈な印象を受けたのがバックパサー（一九六〇年代のアメリカ最強馬）だった。ディープインパクトを見たとき、飛野はバックパサーを思いだした。姿形、皮膚の薄さ、歩き方……、よく似ていた。

そういうわけで、牧場期待の牝馬リトルブックには毎年ディープインパクトを種付けしていくのである。最初の二年は不受胎などでこどもがいなかったが、三年めの二〇一六年一月二十四日、待望の牡馬が誕生した。骨量の豊富な、りっぱな体をした仔馬だった。

「この馬はかならず大仕事をしてくれる」

そう確信した飛野は、生後一か月が過ぎて、仔馬に一億円の保険をかけた。以来、牧場での仔馬の愛称は「ミリオン」になった。

血統名「リトルブックの二〇一六」は二〇一六年七月十二日の日本競走馬協会セレクトセールに上場され、猪熊広次《いのくまひろつぐ》（バローズ社長）が七千八百万円で落札した。「ミリオン」には届かなかったが、日高地方の生産馬としては十分な高値だった。

二歳の夏。ロジャーバローズは栗東トレーニングセンターの角居厩舎にはいった。ところが、角居が謹慎処分を受け、角居厩舎の馬たちは中竹和也厩舎に籍を移すことになる。

中竹厩舎の所属となり、八月に新潟のデビュー戦を完勝したロジャーバローズは、二戦めは二着に負けたが、三歳になった一月に福寿草特別に勝った。これで三戦二勝。クラシックへの道筋が見えていた。

角居は、ロジャーバローズは元々いい体をしていたし、能力の高い馬だと思っていたのだが、テレビで見ていると、ちょっとコントロールしづらそうな印象を受けた。実際に調教してみると、気むずかしい面があり、まっすぐに走らない馬だった。角居は調教のパターンを変え、馬の気分に合わせて走らせてみることにした。しかし、皐月賞の出走権をかけたスプリングステークスは七着だった。中山に輸送する馬運車のなかで馬が興奮してしまい、レース当日もずっと入れ込んでいて、まったくレースにならなかった。

皐月賞を断念せざるを得なくなったロジャーバローズは立て直しをはかり、あらためてダービーをめざすことになった。

浜中俊《すぐる》がロジャーバローズの騎乗依頼を受けたのは京都新聞杯の一週間前だった。乗る予定だった四位《しい》洋文が騎乗停止となったために、ダービーに向けて乗る馬がいなかった浜中に声がかかったのだ。

調教に乗ってみると、パワーがあり、瞬発力よりも持久力のある馬だと感じた浜中は京都新聞杯で逃げてみた。その結果、二着に粘り、無事にダービーの出走権を得た。

一度乗って馬の特長をつかんだ浜中は、ダービーでのイメージもできていた。馬の調子も良かったし、絶好の一番枠があたり、前でレースをしたいロジャーバローズには作戦も立てやすかった。皐月賞の上位三頭は強いと思っていたが、人気のない気楽さもあった浜中は「一発狙っていた」。

一方、三枠六番と絶好の枠にはいったサートゥルナーリアは、パドックから本馬場入場、そして返し馬までずっと落ち着いていた。ところが、担当の瀧川清史がゲートの裏に行ったときには、ダービー特有の異様な雰囲気に馬が興奮したのか、いつもよりテンションが高くなっていた。前任の吉岡辰弥が調教師に転じたことで、三月からサートゥルナーリアの世話をしている瀧川は、ヴィクトワールピサなど何頭ものGI馬を担当してきた腕利きである。

その瀧川の不安が的中した。いつもいいスタートから無理なくいいポジションをキープできていたサートゥルナーリアが、あろうことかダービーのスタートに失敗し、後方からのレースを余儀なくされてしまうのだ。

理想的な展開だな——。

ロジャーバローズの浜中俊は思った。十五番枠から勢いよく先頭に立って逃げているリオンリオンから離れた二番手を、自分のペースで走っている。ダービーは六回めになる浜中は冷静だった。

京都新聞杯のときは相変わらず内にもたれていたが、ダービーに向けて調教も強化し、馬の状態はアップしていた。バランスもよくなっていたし、体もしっかりしてきた。レース前に入れ込んでしまったスプリングステークスの失敗を踏まえて、ゲートにはいるまで覆面を二重に被せていた。その効果もあったのか、馬は落ち着いていた。

四コーナーをまわって直線に向く。ラスト四百メートルを過ぎてロジャーバローズが先頭に立った。外からダノンキングリーが勢いよく追い込んでくる。しかし、いちばん外から追い込んできたサートゥルナーリアはなかなか前との差がつまらない。サートゥルナーリアは右手前（つねに右前肢を前にして走る）が得意な馬で、左回りの東京では四コーナーを左手前でまわると、長い直線をずっと得意の右手前で走っていた。

「それで、最後は疲れてしまったのかもしれない」

そう述懐したのは、普段の調教でサートゥルナーリアに乗っていた調教助手の小滝崇である。

苦しむサートゥルナーリアの三馬身ほど前で、ロジャーバローズとダノンキングリーが並ぶようにゴールを駆け抜けた。浜中は勝ったと思ったが、ダービーだけに確信がもてない。ゴールしてしばらくして馬を止めると、近くにいたダノンキングリーの戸崎圭太に訊ねた。

「ぼく、残ってますか？」

戸崎が笑顔で握手してくれた。

二〇一九年五月二十六日。ロジャーバローズはダービー馬になった。ダノンキングリーとは首差、優勝タイム二分二十二秒六は、四年前のドゥラメンテの記録を〇・六秒も更新する当時のダービーレコードだった。

生産馬がはじめてダービーにでる飛野正昭は、十一万の大観衆で埋まった東京競馬場の雰囲気に感激していた。見ていた席からゴールは斜めになるので、勝ったかどうかわからなかったが、勝ったと知った瞬間、頭のなかが真っ白になった。

表彰式になると、さすがの飛野も涙がこみあげてきた。父がはじめた馬の生産を引き継いで五十年、多額の生命保険を自分に掛けて、借金を重ねながら大金をつぎ込んで牧場を営んできた。文字どおり「命がけ」でダービーを勝ちとったのだ。

猪熊広次は馬主席のテレビでゴールのシーンを見ていた。十年前、はじめてのダービーでアントニオバローズが三着になったときには机を叩いて突き指するほど興奮したが、今回は人気がなかったせいか、あのときほどではなかった。それでも、勝ったとわかった瞬間、感極まった。周囲の先輩馬主から「おめでとう！」と声をかけられ、表彰式のために下に降りていってからも、たくさんの人が祝福してくれる。

ああ、ダービーって、すごいんだなあ――。

そう思う猪熊に角居が言った。

「ダービーに勝つと、一年間たのしめますよ」

ウオッカで勝ったとき、角居も一年間たのしい思いをしたと言った。勝った人にしか味わえないものがある。それがダービーというレースなのだ。そう言う角居はしかし、表彰式では複雑な心境だった。断然の一番人気のサートゥルナーリアが四着に負けた責任も感じているし、問題をおこしてからまだ一年経っていない。

あの日から一年が過ぎて、わたしは角居勝彦にダービーの話をきいていた。コロナの感染拡大がはじまったばかりのときで、電話での取材だった。

ロジャーバローズは屈腱炎を発症して、そのまま引退した。角居は「こころ残りはある」と言った。

「自分が直接見られる時間が短かったこと、そして屈腱炎……。能力が高い馬でしたから」

翌年の二月いっぱいで引退を決めている角居はこの年が最後のダービーになるが、まだ出走が決まった馬はいなかった。

「ダービーのためのトライアルですから、なんとか出られるように頑張りたい」

いつものように、ことば短く、淡々と、電話の角居は言った。しかし、京都新聞杯はファルコニア三着、青葉賞はブルーミングスカイ四着、アイアンバローズが十着。そこで角居のダービー挑戦は終わった。

角居勝彦は最後のダービーを勝って調教師を引退した。

第2章

年度代表馬の栄光

7 キタノカチドキ 時代が阻んだ無敗の三冠

一九三九年に三冠レースが整って以来、初代三冠馬セントライトから二〇二三年のソールオリエンスまで、無敗で皐月賞を通過した馬は二十頭を数える。しかし、ダービーも無敗で通過したのはトキノミノルからコントレイルまで七頭しかいない。ハイセイコーもトウショウボーイもダービーで敗れた。セントライトはダービーの二戦前に古呼馬《よびうま》特殊ハンデキャップ（三歳以上の自由購買馬によるハンデ戦）で五歳馬に負け、二代めの三冠馬シンザンもダービー前のオープンで二着だった。そして、無敗のまま三冠を為し遂げたのはシンボリルドルフ、ディープインパクト、コントレイルの三頭だけになる。トキノミノルはダービーのあと破傷風が原因で急死、トウカイテイオーは骨折してしまった。ミホノブルボンは無敗のまま臨んだ菊花賞で二着に惜敗した。十一戦十一勝のクリフジはダービーと菊花賞を制し、秋に開催されていたオークスにも勝っているが、皐月賞までにデビューできなかった。

こうして書いてみると、一度も負けることなく三冠を勝ち抜いていくむずかしさを知り、無敗の三冠馬の偉大さをより強く感じる。おそらく、それをもっとも痛感したのはキタノカチドキの関係者たちだったろう。菊花賞まで十一戦十勝で一度だけ三着がある。それがダービーだった。

キタノカチドキは北海道門別町の佐々木節哉牧場でうまれた。佐々木牧場はニホンピロウイナーの生産牧場で、『名馬を読む2』でも触れているが、養鶏農家だった佐々木が馬の生産をはじめたのは昭和三十年代にはいってからだった。キタノカチドキの母となるライトフレーム（父ライジングフレーム）は競走馬の生産をしていた父の佐々木末太郎から譲ってもらった馬で、一九六四年に佐々木の牧場にやってきた。ライトフレームの母グリンライト（青森県東北牧場の生産）は戦後初のダービー馬マツミドリの妹ということで、末太郎が牧場の基礎牝馬としてたいせつに守ってきた血統である。

ライトフレームはキタノカチドキのあともニホンピロウイナーの母ニホンピロエバートやエリザベス女王杯に勝つリードスワローを産んで、日高でも名前の知られた繁殖牝馬となるのだが、牧場にきた当初は繁殖牝馬としてやっていけるかどうかもわからない馬だったという。当時の話は、『優駿』の編集長だった宇佐美恒雄のレポート（『優駿』一九七四年七月号、「皐月賞馬キタノカチドキのふるさと」）を参考にして書く。

ライトフレームは二歳のときに大怪我を負って競走馬になれず、そのまま末太郎の牧場で繁殖牝馬となっていたが、最初の仔が死産で、その年は発情の気配もなく、種付けをせず、「お前、やってみないか」ということで佐々木の牧場にやってきた。

しかし、牧場にきた最初の二年、ライトフレームは受胎しなかった。にわとりが内臓に脂肪がつくと卵を産まなくなった経験から、馬もおなじだろうと考えた佐々木は、ライトフレームを牧場の裏山で放し飼いにする。だめならば繁殖馬として見切りをつける、荒療治である。秋から冬、佐々木は毎日牧草をかかえて裏山にかよった。こうして冬を越したライトフレームは春になって発情がきて、試しに種付けしたアングロアラブの仔を受胎、翌春に出産する。

繁殖馬として生きる道がつながったライトフレームはヒンドスタン、パーシアの仔をつづけて出産する（二頭とも勝ち馬になった）。ヒンドスタンは言わずと知れた大種牡馬で、イギリスダービー馬のパーシアは、イギリスに残してきた産駒が大活躍していた話題の新種牡馬だった。佐々木がいかにライトフレームの血統に可能性を感じていたかよくわかる。

そして一九七〇年、パーシアの仔を出産したライトフレームに佐々木はテスコボーイを配合した。テスコボーイは日高軽種馬農協の種牡馬で、日本で種付けをはじめて三年めだった。初年度産駒のランドプリンスが皐月賞に勝つ二年前である。

一九七一年三月二十七日、ライトフレームはテスコボーイの牡馬を出産した。健康で運動神経がよく、やんちゃで、よく喧嘩をしていた。将来がたのしみな男馬だった。

そんな仔馬がうまれて一か月も経たないとき、牧場にやってきたのが服部正利だった。服部は騎手としては十七年間で百七十六勝、障害の重賞一勝という成績だったが、一九六六年に三十五歳の若さで調教師になった。京都競馬場で開業し、前年の十二月に栗東トレーニングセンターに移っていた。三月にはニホンピロムーテーで毎日杯に勝っている。これが厩舎としてははじめての重賞だったが、秋にはニホンピロムーテーで菊花賞に勝つことになる、新進調教師である。

服部は馬主の初田豊を連れだって佐々木牧場にやってきた。初田は服部が調教師になる一年ほど前に馬主になった、所有馬は年に数頭という小規模馬主である。

服部はライトフレームとテスコボーイの仔を見て「いい馬だ」と言った。初田も気に入ったので、その場で手付けを打った。

初田の所有馬となったライトフレームの仔はキタノカチドキと名づけられ、二歳の九月に阪神の千二百メートルでデビューする。関西を代表する名手、武邦彦が乗って、早めに先頭に立って逃げきっている。二着との差は四馬身。楽勝だった。

二戦めは阪神のデイリー杯三歳ステークス（当時）で、二番人気だったが、二着に九馬身差の大楽勝だった。重馬場で先行争いが激しい展開となったが、キタノカチドキは一枚も二枚も力が違っていた。

さらにオープンを三馬身差で逃げきって臨んだ阪神三歳ステークスでは二戦二勝の牝馬イットーに三馬身の差をつけて勝利する。逃げる馬を前に行かせ、二番手から抜けだしてくる、危なげのない勝利だった。四戦四勝。文句のない二歳チャンピオンの誕生である。

一九七四年。中京のきさらぎ賞から始動したキタノカチドキは、二着に二馬身の差をつけて勝利すると、その十日後には春のクラシックをめざして中山競馬場に移動している。

はじめて関東馬と手を合わせたスプリングステークスでは、環境の変化も影響したのか、レース前から激しく入れ込み、スムーズな走りではなかった。それでも最後は二着に一馬身差の勝利だった。

これで六戦六勝。この時点で、キタノカチドキのライバルは一頭に絞られた。関東のエース、カーネルシンボリである。重賞二勝を含む五戦全勝で出走した朝日杯三歳ステークスでは六着に負けていたが、三歳になって東京四歳ステークスと弥生賞を連勝していた。中山の野平省三厩舎の所属で、昭和最高のスタージョッキー、野平祐二がダービー初優勝を託していた馬だ。

ところが、そのカーネルシンボリが皐月賞の一週前の調教で骨折、春のクラシックは絶望になってしまった。そこに、さらに悪い事態がおきる。厩務員のストライキである。

一九七四年は日本でももっともストライキがおきた年で、全国で一万件を超える労働争議があったという。七〇年代は競馬界でも桜花賞や皐月賞が春闘の時期と重なり、毎年のように厩務員組合と調教師会の労使交渉の行方が気になったものだ。二年後にトウショウボーイが皐月賞に勝ったときも厩務員ストで一週間延期されたが、キタノカチドキの年は交渉が長引き、四月十四日の予定だった皐月賞は三週間延び、場所は東京競馬場になった。

四月十四日に向けて仕上げられていた馬たちは、いま一度調整し直さないといけなくなる。キタノカチドキも三日間厩舎に閉じ込められるなど、仕上げに苦労していた。

五月三日、ようやく皐月賞が開催された。キタノカチドキは二枠二番にシードされ、単勝一・四倍と、圧倒的な一番人気である。

シードとは人気が集中しそうな馬を一頭だけひとつの枠にいれる制度で、二頭以上はいった枠で人気馬が出走を取り消したときの混乱を避けるための措置である。一九七四年にはじまり、キタノカチドキがその第一号となった。しかし、競馬会の予想行為ではないかという批判もおき、一九七八年から単枠指定と呼称がかわり、馬連が発売された一九九一年に廃止になっている。

レースは快速馬ニシキエースが飛ばして逃げ、ミホランザンが二番手、キタノカチドキは離れた三番手でレースを進めていた。向こう正面から三コーナーあたりでは前の二頭とは十馬身差以上あったが、武邦彦は慌てない。四コーナーをまわって直線、前の二頭との差をつめたキタノカチドキは、外によろけ、さらに内にふらつきながら、二頭の間を割るようにして先頭に立った。ゴール前でインコースからコーネルランサーが追い込んできたが、一馬身半差までつめよるのが精一杯だった。武が鞭を使えないほどキタノカチドキの走りは危なっかしく、荒々しいレースではあったが、じゅうぶんに力を見せつけた。

これで七戦七勝。無敗はどこまでつづくのか。無敗の二冠馬トキノミノルやコダマと比較され、さらにシンザン以来の三冠馬という声もきこえてきた。

しかし、一度仕上げ、それからまた調整し直して三週間後に皐月賞に勝ったキタノカチドキの体調は、あきらかに落ちていた。ダービー前の調教でも併せ馬で大きくふらつくシーンがあった。元々激しい気性で、むずかしい馬だったが、ダービーに向けての不安は隠せなかった。

五月二十六日、ダービーの出走馬はフルゲートに五頭満たない二十三頭で、皐月賞につづいてシードされたキタノカチドキは七枠となり、十九番からスタートすることになった。先行タイプの馬には厳しい外枠になってしまった。

ダービーもニシキエースの逃げで展開した。キタノカチドキは中団の外、十番手あたりで一コーナーをまわった。「一コーナーを十番手以内でまわらないと勝てない」と言われた時代である。ぎりぎりのポジションだ。

前半は縦長で流れていたが、三コーナーをまわって馬群がひとかたまりとなる。先行していたコーネルランサーの手応えがいい。

四コーナーをまわって直線。コーネルランサーが抜ける。インターグッドが追う。指定オープンでのちの天皇賞馬アイフルを破ってダービーの出走権を手に入れた馬だ。その二頭のうしろから迫るキタノカチドキは、この日も切れ込むようにして内にはいっていったが、また外にふらつく。その一瞬のロスで、前の二頭に離される。そこから態勢を立て直して追いかけるが、届かない。鼻面を並べてゴールインするコーネルランサーとインターグッドから一馬身遅れた三着だった。

勝ったのはコーネルランサーで、着差は鼻だった。優勝タイム二分二十七秒四は前年のタケホープの記録を〇・四秒更新するダービーレコードだった。優勝騎手の中島啓之《ひろゆき》は父の中島時一（一九三七年ヒサトモ）につづき、史上はじめての父子でダービージョッキーとなった。

「おれはコーネルランサーが勝つと思っていたよ」

そう言うのは小島太である。当時、小島は二十七歳で、「乗れるだけで嬉しかった」ダービーは二度めの騎乗だった（二十番人気のランドグレースで二十三着）。

「キタノカチドキは強かったけど、むずかしいところがある馬だったから。気が悪いというか、馬のいないところで気を抜いたりする。それで、勝負所でちょいと出す勝ち方をしていた。あれは武さんの名人芸」

小島は中島啓之の親友であり、武邦彦が関東にきたときには毎晩のように酒を飲む仲でもあった。それもあって、中島のコーネルランサーも、武のキタノカチドキもよく知っていた。そして、小島が案じたように、キタノカチドキはダービーの直線でも内外によろけ、惜敗してしまったのだ。

肝心なところで気の悪さをだして、スムーズなレースができなかった。厩務員ストでスケジュールが狂い、体調も落ちていた。そして、外枠にシードされたのが痛かった……。

様々な敗因が考えられたが、どれも言い訳にしかきこえない。ただ、ストライキもシード制も関係者にはどうにもできない。それが現実だった。

ダービーではじめて苦杯をなめたキタノカチドキだが、秋は盤石だった。神戸新聞杯、京都新聞杯と連勝する。二着はともに服部厩舎のニホンピロセダンだった。

十一月十日、菊花賞。ダービーの一、二着馬コーネルランサーとインターグッドは故障で出走できず、トライアルで連続二着のニホンピロセダンの姿もない。当面の相手と目されたのは、ダービー四着で、秋は朝日チャレンジカップに勝って、京都新聞杯三着のスリーヨークだった。

キタノカチドキは二枠三番にシードされ、単勝一・二倍の支持を受けていた。三冠レースすべてシード（単枠指定）となるのは、ほかには三冠馬のミスターシービーとシンボリルドルフがいるだけである。

ただ、三千メートルという距離にたいして不安を唱える人もすくなくなかった。父のテスコボーイも母の父ライイジングフレームも祖母の父ダイオライトも、本質的にはスピード血統で、距離が延びていいタイプではない。それを「スプリンター血統」と当時の人は呼んでいた。

それを武邦彦も感じていたのだろうか。十二番人気のヤマトバーボンが一か八かの大逃げを敢行し、福永洋一が乗るバンブトンオールが二番手を進んでいた。コーネルランサーやニホンピロセダン、アイフルとおなじセダンの産駒で、長距離向きの血統だ。そんな展開のなかで、キタノカチドキは五、六番手の内でじっとしている。

二周めの三コーナーから四コーナー、外に進路をとって追いあげにかかったキタノカチドキは、直線に向いて先頭に立ったバンブトンオールに並ぶとすぐに前にでた。外からスリーヨークが追い込んでくる。内側から迫る馬もいたが、抜かせない。二着争いが激しくなるなか、キタノカチドキはバンブトンオールに一馬身四分の一の差をつけてゴールインする。まったく危なげのない勝利だった。

その強さを見れば見るほど、ダービーが惜しまれ、悔やまれた。

キタノカチドキは無敗の三冠馬にはなれなかったが、文句なく一九七四年の年度代表馬に選ばれた。ＪＲＡ賞の前身となる「年度代表馬」は一九五四年に予想紙『競週ニュース』を発刊していた白井新平（啓衆社社主）の考案ではじまり、啓衆社の『競馬週報』誌上で発表されていた。一九七二年に啓衆社が身売りしたことによって、啓衆社出身の宇佐美恒雄が編集長をしていた『優駿』が引き継いで三年めだったが、日本中を熱狂の渦に巻きこんだハイセイコーの引退レースとなった有馬記念で五馬身差の独走劇を演じたタニノチカラに大きな差をつけての受賞である。それを考えても歴史的な価値があった。

一九七五年。キタノカチドキは四戦して一勝に終わった。天皇賞（春）はイチフジイサミの二着に敗れたあと脚を痛め、ファン投票で一位になった有馬記念で八か月ぶりに競馬場に姿を見せたが、レース中に両前脚を骨折し引退が決まった。

最後の勝利は古馬最強のタニノチカラと初対決となったマイラーズカップだった。名牝イットーも花を添えていた。あいにく不良馬場で、武邦彦が皐月賞でロングホーク（二着）に騎乗するため、服部厩舎所属でデビュー三年めの田島信行に乗り替わっている。

快速牝馬ケイイリュウシンゲキが大逃げにでて、離れた二番手にイットー、そのうしろをタニノチカラとキタノカチドキが進む。直線でケイイリュウシンゲキのスピードが衰えると、有力馬三頭の戦いとなった。内から抜けだすキタノカチドキ、真ん中で頑張るイットー、そして外から迫ってくるタニノチカラ——。三頭のスターホースの戦いは、ベテランのファンに語り継がれてきた名勝負である。いまふうに書けば「伝説のマイラーズカップ」だ。

引退後、キタノカチドキは北海道門別町の門別スタリオンステーション（一九九九年に閉鎖）で種牡馬になった。一九八三年に心臓発作で急死してしまったが、八年の種付けで、タカノカチドキ（京都四歳特別、菊花賞三着）やトーワカチドキ（金鯱賞）、カイラスアモン（東京新聞杯）、マチカネイシン（小倉大賞典）などの活躍馬をおくりだしている。

サクラローレル＆マヤノトップガン 有馬こそ王者への道

8

サクラローレルとマヤノトップガンが活躍したのは一九九〇年代の半ばから後半にかけてだった。九〇年代初頭におきた「競馬ブーム」と人気を博した競馬シミュレーションゲーム「ダービースタリオン」によって若いファンが急増していたときである。一九九七年春の天皇賞は、二頭にマーベラスサンデーを加えた三頭が「三強」と呼ばれ、九〇年代の名勝負のひとつとして多くの人々の記憶に残っている。

サクラローレルは一九九一年五月八日に北海道静内町の谷岡牧場でうまれた。母のローラローラ（父サンシリアン、六戦一勝）はオーナーの全演植《ジョンヨンシュク》（さくらコマース）がフランスで走らせていた馬で、繁殖牝馬となって一年めにサクラファビュラス（父ファビュラスダンサー、未勝利）という牝馬を産み、その年に凱旋門賞馬レインボウクエストを種付けして日本に輸入された。

谷岡牧場と全との関係は一九六八年にダイイチテンホウ（八勝）という馬を共同で所有したのが最初だった。以来、サクラチヨノオー、サクラホクトオーの兄弟をはじめ、「サクラ」の活躍馬を数多く生産することになる。「サクラ」といえば谷岡牧場なのだ。

また、全演植の所有馬の多くは美浦トレーニングセンターの境勝太郎厩舎にはいっている。本社が東京・府中市にある全は、元々、東京競馬場の高木良三厩舎に馬を預けていて、高木厩舎に所属していた小島太をかわいがっていた（高木厩舎では小島は快速牝馬サクライワイなどに乗っている）。高木が亡くなってからは、小島の岳父だった境の厩舎に「サクラ」の馬が預けられるようになったのだ。

サクラローレルはあちこちと問題をかかえていた。管骨の骨膜炎に悩まされデビューは三歳の一月と遅くなり、それでも青葉賞で三着にはいってダービーの出走権を得たが、右後肢の球節に炎症をおこし、腰も痛めてダービーを断念している。そんな状況でも三歳では十三戦して四勝し、四歳になると中山の金杯に勝ち、目黒記念でも二着となった。

当時の主戦騎手だった小島太にきくと「ローレルのことはあまり覚えてないなあ」と笑った。ただ、青葉賞で三着になったときには「強いと思った」と言い、三歳の秋に京都で比良山特別（二千二百メートル、現二勝クラス）に勝ったときには「来年の天皇賞に行く馬だから」という話をしていたという。「あまり覚えていない」ととぼけても、サクラローレルの前に広がっている未来についてはだれよりも感じていた。

ところが、天皇賞の三日前、栗東トレーニングセンターで調教されていたサクラローレルは両前脚の管骨を骨折してしまう。獣医師が「競走能力喪失に近い」と診断したほどの重傷だった。これにショックを受けた担当厩務員は定年を早めて退職してしまい、小島の息子、小島良太が担当になった。

サクラローレルと良太は不思議な縁で結ばれていた。良太が谷岡牧場で研修しているときに世話をしたのが、うまれたばかりのサクラローレルだった。その後、シンボリ牧場、西山牧場と「サクラ」とゆかりのある牧場で研修し、競馬学校を経て厩務員になった良太は、このときは嶋田潤厩舎で働いていたのだが、サクラローレルの再起をあきらめない境勝太郎が孫の良太を半ば強引に呼び寄せて担当にしたのだった。

それから一年間、良太はサクラローレルの治療とリハビリにかかりっきりだった。もう一頭の担当馬がレースのときでも、競馬場はほかの厩務員に任せてずっと厩舎で世話をしてきた。五歳になり、サクラローレルに復帰のめどがたったとき、調教師試験に合格していた小島太は二月いっぱいで騎手を引退することになっていた。良太はなんとか父に乗ってもらいたかったが、「人間の都合ではなく、馬に合わせればいい」という父の指示に従い、三月の中山記念まで待った。そして、横山典弘が乗った復帰戦を快勝する。

「結局、骨折で休んだのが良かったんだ。別馬のようになったからな」

小島太は言った。

サクラローレルの一歳下になるマヤノトップガンは、一九九二年三月二十四日に北海道新冠町の川上悦夫牧場でうまれた。川上牧場は父の景吉が一九六六年に牛を中心にはじめた牧場で、まだ景吉が代表だったときに生産したクラウンエクシードのウインターステークス（現東海ステークス）が中央での初重賞勝ちだった。川上牧場は三冠馬ナリタブライアンを生産した早田牧場に近く、この時期の川上牧場は、バブル期に急速に牧場を拡大していた早田牧場と歩調を合わせるようにして活躍馬をだしていた。

マヤノトップガンの父は早田牧場が輸入したブライアンズタイムだが、川上牧場の生産馬で一九九三年の皐月賞に勝ったナリタタイシンの父も早田牧場が輸入したリヴリアだった。母のアルプミープリーズも早田牧場がアメリカから輸入した繁殖牝馬で、血統を気に入った川上が譲ってもらった馬である。イギリスの二冠馬ナシュワンやヨーロッパとアメリカで二歳チャンピオンになったアラジをだして話題となっていたブラッシンググルームの娘という血統が気に入ったのだ。こう書くと、マヤノトップガンの容姿（栗毛で、ちょっと曲がった流星）はどこか〝ワンダーホース〟アラジを思わせる。

神戸市で病院を営む田所祐の所有馬となったマヤノトップガンは栗東トレーニングセンターの坂口正大《まさひろ》厩舎にはいった。川上牧場と田所、坂口とは一九八〇年代後半からのつきあいで、ミホノブルボンが勝ったダービーで三着になったマヤノペトリュースは川上悦夫の名義で生産した最初の世代の馬である。

坂口はマヤノトップガンはクラシックを狙える逸材だと思っていたが、右前脚の骨瘤によってデビューは三歳の一月までずれ込んだ。脚のぐあいを気遣い、最初はダートで走って七戦二勝、その後、芝の中距離を使われるようになるとコンスタントに実力を発揮し、神戸新聞杯、京都新聞杯と二着になり、勢いに乗って菊花賞、有馬記念を連勝してしまう。

菊花賞の優勝タイム三分四秒四は、前年のナリタブライアンがつくった記録を〇・二秒更新するレコードだった。しかし、ダービー馬タヤスツヨシが秋になって不振がつづき、オークスに勝ったあとフランスで二戦して二着一回のダンスパートナーが一番人気になっていたこともあり、菊花賞に勝ってもまだ懐疑的な目で見る人も多く、有馬記念でも六番人気でしかなかった。ところが、「ペース次第で逃げようと決めていた」と言う騎手の田原成貴の思惑どおりに、スタートで先頭に立ったマヤノトップガンはそのまま逃げきってしまう。二馬身差の二着はタイキブリザード、ジャパンカップ二着が評価されて一番人気になったヒシアマゾンが五着、圧倒的な強さで一九九四年の三冠戦線を独走しながら、春に股関節を痛めてから精彩を欠いていたナリタブライアンは二番人気で四着に終わった。

秋になってＧＩを二連勝したマヤノトップガンは一九九五年の年度代表馬に選ばれた。春のクラシックのころはまだ五百万下（現一勝クラス）のダート戦にでていた馬が、半年後にはチャンピオンになったのだ。まさに〝ワンダーホース〟である。

一九九六年四月二十一日、天皇賞（春）。

サクラローレルとマヤノトップガンの初顔合わせになったが、一番人気はナリタブライアンだった。前哨戦の阪神大賞典では一九九〇年代の名勝負のひとつに数えられるレース――三コーナーからゴールまでマヤノトップガンと馬体を並べてのデットヒート――を頭差で制していた。さすがに三歳のころのように、跳ねるように独走していく走りは見られなくなっていたが、人々はだれもが三冠馬の完全復活を期待している。

マヤノトップガンは二・八倍で二番人気と、阪神大賞典でマッチレースを演じた二頭に人気が集中していた。どっちが勝つにせよ、二頭の争いになるのは間違いないとマスコミもファンも思っていた。

レースもまた人気を反映するような展開となった。二周めの四コーナー、満を持して先頭に立ったマヤノトップガンに外からナリタブライアンが馬体を併せてくる。だれもが阪神大賞典の再現かと思ったが、それも束の間、四コーナーをまわるとマヤノトップガンは力尽きたように後退していく。さらに先頭に立ったナリタブライアンもまた外から追い込んできた馬に抜かれ、突き放されてしまうのだ。

勝ったのはサクラローレルだった。ゴールしたときにはナリタブライアンに二馬身半もの差をつけるほどの強さだった。

騒然とする雰囲気のなかサクラローレルを出迎えた小島良太は、勝った喜びよりも先に馬の脚元が気になっていた。サクラローレルは三番人気だった。しかしオッズは十四・五倍。伏兵といっていい数字だ。長い時間をかけてようやく走れるようになったのだ。とにかくきょうは、勝ち負けよりも無事に走ってきてほしい、という思いが強かったのである。馬の脚元がなんともないのを確認した良太は心から天皇賞の勝利を喜んだ。

天皇賞で五着に敗れたマヤノトップガンは、つづく宝塚記念に優勝している。この宝塚記念は天皇賞と比べて相手も弱く、勝って当然という評価だったが、坂口と馬主の田所祐にとってとくべつな意味があった。前年一月十七日の阪神淡路大震災で大きな被害を受けた阪神競馬場が復旧し、「震災復興支援競走」として催されたレースだったからだ。

あの震災の日、坂口は神戸市で田所が経営する病院に宿泊していた。田所は父の正二が調教師だった時代から世話になっていた馬主で、坂口の仲人でもあった。さいわい坂口と田所は無事だったが、近くに住む田所の弟夫妻が犠牲になった。だから、あの宝塚記念は震災で犠牲になった人たちを弔うレースでもあったのである。

秋。マヤノトップガンとサクラローレルは三戦連続で戦っている。最初のオールカマーはマヤノトップガンが一番人気で四着、二番人気のサクラローレルが勝った。

二戦めは天皇賞。春秋連覇を狙ったサクラローレルが一番人気になったが、直線でインコースの狭いところに入ってしまったのが致命傷となり三着に終わった。勝ったのは三歳のバブルガムフェローで、四番人気のマヤノトップガンが二着だった。

そして三戦めはジャパンカップではなく、有馬記念となった。境勝太郎はなにがなんでも有馬記念に勝ちたかった。サクラチヨノオーでダービーに勝ち、天皇賞は春のサクラローレルを含めて四勝もしているが、有馬記念だけは縁がなかった。翌春の定年引退が決まっている境にとって、これがラストチャンスなのだ。だから、マスコミからの批判を覚悟でジャパンカップを見送り、有馬記念に照準を定めて調整してきたのである。

「ノリ、いいか、四、五番手についていけよ。絶対に挟まれるような真似はするな」

天皇賞の敗戦は騎乗ミスだと思っている境はなによりもポジションにこだわり、しつこいほど横山にアドバイスしていた。サクラローレルの体調は万全だった。力も一番だと思っている。あとは騎手が自分の言うとおりに乗ってくれれば間違いなく勝てると境は信じていた。

はたして有馬記念の横山は、境が思い描いていたような騎乗をしてくれた。中団のやや前を進んでいたサクラローレルは、最後の四コーナーで外に持ち出して勝負にでると、そのまま直線を豪快に駆け抜けてきた。

ゴールを過ぎたところにある調教師席では、境が小さな丸い体を小躍りさせながら大声を張りあげている。横には孫の良太がいた。そしてサクラローレルがマーベラスサンデーに二馬身半の差をつけてゴールしたとき、ふたりは手を取り合い、何度も何度も飛び跳ねていた。

境勝太郎は念願だった有馬記念を手にし、サクラローレルも一九九六年の年度代表馬に選ばれた。


年があけて一九九七年。マヤノトップガンにとって、この春は背水の陣である。秋の天皇賞ではサクラローレルに先着しながら三歳のバブルガムフェローの二着に終わった。ファン投票の一位で選出された有馬記念では、いい感じで先行しながら七着に沈んでいる。三歳で年度代表馬になり、GⅠに三勝しながら、負けるときはじつにあっけない。そのギャップがマヤノトップガンという馬の評価を低くしていた。そうした評価を払拭するためにも、春の天皇賞は是が非でも勝たなければいけないと坂口は思っていた。

坂口は一年前の天皇賞で馬を仕上げすぎてしまった失敗を踏まえて調整していった。ステップレースも最初から阪神大賞典に定め、きちんとローテーションを守っていた。

阪神大賞典ではいつもの先行勝負から一転して最後方から追い込むというレースをして勝っていた。乗り方はすべて騎手の田原成貴に任せていた坂口も、ファインプレーともスタンドプレーともとれる大胆な騎乗法には驚かされたが、ともかくマヤノトップガンは順調な滑りだしをしていた。

一九九七年四月二十七日。天皇賞（春）はマヤノトップガンと小島太厩舎の所属となったサクラローレル、そして有馬記念二着のあと、大阪杯を勝って天皇賞に臨むマーベラスサンデーの争いとみられていた。「三強」と呼ぶマスコミもあったほどで、レースも三頭で決着するのだが、明暗を分けたのはスパートのタイミングだった。

二周めの向こう正面から三コーナーの坂にかけて、サクラローレルが早めに動きだすと、それを待っていたかのようにマーベラスサンデーがあとを追う。そのときマヤノトップガンは後退してくる馬が壁になってインコースに閉じこめられ、前を行く二頭に大きく水をあけられてしまうのだが、これがマヤノトップガンにさいわいするのである。

早めに勝負にでた二頭は馬体を並べて直線に向く。二頭の競り合いはつづき、ようやくサクラローレルがマーベラスサンデーを競り落としたとき、遅れてスパートして外から追い込んできたマヤノトップガンがあっという間にサクラローレルを抜き、さらに一馬身四分の一突き放してゴールするのである。

坂口はこれまでサクラローレルをライバルだと意識したことはなかった。それでも四度対戦して三敗。先着できたのが一度だけだった相手にようやく一矢報いることができたのだ。喜びは大きかった。

坂口が一番感動したのは調教師になってはじめてのＧＩ勝ちとなった菊花賞だった。馬主の田所にとっては宝塚記念がそれである。そしてこの天皇賞は、だれのためでもなく、マヤノトップガン自身が自らの力を示したレースでもあったのだ。

最後の秋。ジャパンカップを目標に調整されていたマヤノトップガンは、そのステップレースに予定していた京都大賞典の前に左前脚に屈腱炎を発症する。

一方、凱旋門賞をめざしてフランスに渡ったサクラローレルもまた、前哨戦のフォワ賞のレース後に右前脚の屈腱炎が判明している。

奇しくも一年前、ジャパンカップにでないことを批判されていた二頭は、その汚名をすすぐはずだったレースを前に故障に倒れ、引退が決まるのである。

9 エアグルーヴ 二十六年ぶりの牝馬

近年は牝馬がすばらしく強くなった。「牝馬の時代」といわれた時期もあった。二〇〇〇年代にはいってからのＪＲＡの年度代表馬をみても、ウオッカ（二度）、ブエナビスタ、ジェンティルドンナ（二度）、アーモンドアイ（二度）、リスグラシューと、五頭が八度も受賞している。

牝馬が強くなった要因はいくつか考えられる。牝馬限定の重賞が増えたことで活躍の場がひろがった。トレセンや育成牧場での飼養管理、獣医療、調教技術が進歩し、肉体面でも生理面でもケアできる体制が整っている。むかしはよくフケ（発情）で力が発揮できなかったり、一度体調を崩したら立ち直れない牝馬が多かったが、いまはそういうこともすくなくなった。

その結果、牝馬のトップホースが健康に長く活躍できるようになってきたのだが、さらに彼女たちを後押しするのが牝馬の負担重量を軽くする「セックスアローワンス」である。競馬開催国によっていくらかの違いはあるが、日本やオセアニアなどは二キロ、ヨーロッパは三ポンド（約一・五キロ）、牝馬の負担重量が軽くなることで、アーモンドアイや凱旋門賞を連覇したエネイブルのような牡馬に負けない力のある牝馬は「ハンデをもらっている」状況になるのだ。ＪＲＡのハンデキャッパーによれば、国際会議では「牡と牝がおなじ重量のレースがあってもいいのでは」と主張する人もでてきたそうだ。

それほどまでに強くなった牝馬だが、戦中戦後の競走馬の数が極端にすくなかった時代を除けば、一九九〇年代まではまだ牡馬には敵わないものだと思われていた。なにしろ、エアグルーヴが牝馬として年度代表馬に選ばれたのは一九七一年のトウメイ以来二十六年ぶり、史上二頭めだったのだ。

エアグルーヴは北海道早来町の社台ファーム・早来でうまれた。

父はトニービン。一九八八年のジャパンカップ（五着）に現役の凱旋門賞馬としてはじめて来日した馬だが、細身で見栄えのしない馬体に「これが凱旋門賞馬か」とパドックファンや関係者をがっかりさせたものだ。そのときの印象が強かったからか、社台スタリオンステーションで種牡馬となった当初は評価も低く、一年めの種付けも五十七頭（産駒四十五頭）とすくなかった。しかし、そこから二冠牝馬ベガやノースフライト（安田記念、マイルチャンピオンシップ）などの活躍馬が登場し、一躍人気種牡馬になっていく。

母のダイナカールは五頭が横一線に並んでゴールした一九八三年のオークス優勝馬で、『名馬を読む2』でも触れているので、ここでは繁殖牝馬になってからを書いておく。

　繁殖牝馬になった最初の年は同期の三冠馬ミスターシービーが種付けされている。偶然だが、ダイナカールの母シャダイフェザー（父ガーサント）は二冠牝馬テイタニヤが勝ったオークスで二十着だった馬で、このとき三着だったのがミスターシービーの母シービークインである。同期つながりの仔は双子で、残念ながら流産してしまう。ダイナカールはその後も不受胎などがあり、競走馬になれた産駒も振るわなかったが、エアグルーヴの前年には五勝するセシルカット（牝、父サンデーサイレンス）を産んでいた。

　そして一九九三年四月六日にエアグルーヴが誕生する。ダイナカールが繁殖牝馬になって七年め、四頭めの産駒である。

　この馬をいの一番に見にきたのが栗東トレーニングセンターの伊藤雄二だった。ＪＲＡの殿堂入り（顕彰調教師）した名調教師は二〇二二年八月に八十五歳で亡くなったが、伊藤はよく「調教師はプロ野球のスカウトのようなもの」と言っていた。いい素材を発掘するために、どの牧場でどんな血統の馬がうまれるかあらかじめチェックしていて、うまれたと連絡を受けるとすぐに牧場に飛んで行った。通常はうまれて三日以内、遅くても一週間以内に見に行って、仔馬だけでなく、母馬の乳の出方から、栄養状態もチェックする。エアグルーヴのときは、海外の馬も含めて母系の成績や特徴をチェックし、うまれる前に予約を入れ、うまれた翌日には牧場で馬を見ていた。

「見に行ったら、すごい馬でした。あの血統は女がよく走るんです。まあ、男でもなんでも買うつもりだったんですけどね。これはすばらしい馬でした」

伊藤はそう話していた。一目惚れだったようだ。

伊藤が見込んだダイナカールの娘は吉原貞敏（東京鐵鋼名誉会長）の所有馬となった。ワイルドモア（皐月賞）やラッキールーラ（ダービー）などで知られる吉原は、東京馬主協会の副会長も務めた関東馬主界の重鎮である。吉原の所有馬に「エア」がついたのはエアジョーダンがはじめてだった。孫がバスケットボールをやっていたことから名づけたのだが、エアジョーダンが共同通信杯に勝つと、孫をかわいがっていた吉原は「エア」を冠名にするようになった。その吉原は一九九五年九月に八十六歳で亡くなり、そのあとは長男の吉原毎文《つねぶみ》に引き継がれている（一九九七年には個人名から株式会社ラッキーフィールドに名義変更）。

エアグルーヴと名づけられたダイナカールの娘は、一九九五年七月に札幌でデビューする。主戦騎手は武豊で、デビュー戦は首差で二着に負けたが、二戦めの新馬戦は五馬身差で勝った（二〇〇二年以前は、一開催の新馬戦は四度まで出走できた）。さらに、十月のいちょうステークスでは、直線で前をカットされる致命的な不利を受けながら、態勢を立て直して追い込んで勝っている。トニービン産駒のサクラチトセオーが優勝した天皇賞当日の東京競馬場で、わたしがエアグルーヴをはじめて見たのはこのときだった。気の強そうな顔立ちはダイナカールにそっくりだった。直線でみせた勝負根性もまさに母譲りだったが、なによりも記憶に残ったのは、トニービンとダイナカールの娘とは思えない、優雅なシルエットだった。からだのラインが細くなめらかに伸びて、いつまでも見ていたかった記憶がある。

このあと阪神三歳牝馬ステークスでは武が一番人気のイブキパーシヴ（三着）に乗るために、ワールドスーパージョッキーズで来日していたアイルランドの名手マイケル・キネーンに乗り替わったが、ビワハイジに逃げきりを許して二着に終わった。

一九九六年。オリビエ・ペリエが騎乗したチューリップ賞では、ビワハイジに五馬身差をつけて雪辱するのだが、本命視された桜花賞は直前に発熱して出走を断念している。母のダイナカールは雨と不良馬場に苦しんで三着だったが、娘もまた桜花賞には運がなかった。

それでも武豊が戻ったオークスは完勝だった。スローペースで流れるなか中団の外を進み、三コーナー過ぎからゆっくりとあがって行くと、直線で力強く抜けだしてきた。母娘のオークス制覇はクリフジ（一九四三年）とヤマイチ（一九五四年）以来、史上三組めで、この時点ですでにダイナカールとエアグルーヴは歴史的な母娘となっていた。

秋には凱旋門賞に挑戦する話も持ちあがっていたが、結局、この年に新設された秋華賞に出走して十着に敗れている。生涯唯一の大敗だった。陣営はパドックでカメラのフラッシュに馬が驚いてひどく入れ込んでしまったと説明していた。わたしの取材経験では、馬房でのフラッシュ撮影も気にしない厩舎が多かったので意外な感じもしたが（その後、取材で行ったドバイでは盛んにフラッシュがたかれるなかを馬は平然と歩いていた）、レースのあと右前脚の骨折が判明して納得した。ともあれ、三歳のエアグルーヴはオークスを勝っただけに終わった。

四歳の六月に復帰したエアグルーヴはマーメイドステークス、札幌記念と連勝して天皇賞（秋）に駒を進めるのだが、このローテーションには伊藤雄二の戦略があった。「たまたま勝ったではおもしろくない」と言う伊藤は、つねに相手との力関係を考え、勝てるレースを選択していた。エアグルーヴのばあい、秋の天皇賞を勝つために春シーズンを休養にあて、本番二か月前の札幌記念をステップレースに選んだ。そこで一歳上の皐月賞馬ジェニュインに完勝したことで天皇賞に勝てると判断し、レースに臨んでいる。

だから、伊藤に言わせれば天皇賞は「狙って勝ったレース」ということになるのだが、事実、エアグルーヴは強かった。三歳のサイレンススズカが大きく離して逃げるなかで中団にじっくりと構え、ラスト二百メートルでサイレンススズカを抜き去り、秋の天皇賞連覇を狙うバブルガムフェローが内から迫ってきたが、首差抑えこんでゴールする。着差は小さくても、力の差を感じさせる勝利だった。

ここまでエアグルーヴは母のダイナカールによく似ていると言われ、母娘セットで語られることが多かったが、この天皇賞の勝利によって一頭の名牝として歴史になった。それは、古馬中長距離の大レースに勝った最後の牝馬を列記してみれば一目瞭然である。

天皇賞（春）　一九五三年レダ。

宝塚記念　一九六六年エイトクラウン。

天皇賞（秋）　一九八〇年プリテイキャスト。

ジャパンカップ　日本牝馬の優勝なし。

有馬記念　一九七一年トウメイ。

トウメイは天皇賞（秋）と有馬記念を連勝しているが、このときは関東の流感（馬インフルエンザ）騒動で有力馬の回避や出走取り消しが相次いだ。プリテイキャストは七馬身差の圧勝だったが、ノーマークで逃げられる〝展開の綾〟もあった。それを考えれば、エアグルーヴの勝利がいかに価値があるかがわかる。

エアグルーヴはつづいてジャパンカップに出走する。九〇年代半ばは来日する外国馬のレベルも高く、牡馬のトップホースでもジャパンカップを避けて有馬記念に向かうケースがめだっていたが、伊藤には勝算があった。

レースはゆったりとした流れとなり、そのなかで四番手を進んだエアグルーヴは直線のなかほどで先頭に立ったが、内から追い込んできたイギリスのピルサドスキーがマイケル・キネーンの大きなアクションで追われ前にでた。エアグルーヴも懸命に食らいついていたが首差及ばなかった。

勝ったピルサドスキーは凱旋門賞こそ二年つづけて二着だったが、この年はアイルランドとイギリスのチャンピオンステークスなどＧⅠに三勝していて、ヨーロッパの古馬チャンピオンにも選ばれる世界的な強豪である。その馬に首差の二着は大健闘であったし、レースも見応えがあった。

さらに有馬記念にも出走したエアグルーヴは、武豊が一番人気のマーベラスサンデーに騎乗したために、オリビエ・ペリエが乗って三着になった。中団から早めに動いて直線で先頭に立ったところにマーベラスサンデーが並びかけてきて、二頭が競り合うゴール前、三歳のシルクジャスティスが外から激しく追い込んできて前にでた。頭差でマーベラスサンデー、さらに首差でエアグルーヴ。ジャパンカップにつづく惜敗だった。

エアグルーヴは秋の古馬中距離GⅠを三戦して一、二、三着だった。三レースすべてに出走した馬はほかにローゼンカバリーがいるだけで、十一、九、四着である。牡馬のトップホースでも戦い抜くのが困難な三レースすべてで優勝を争ったエアグルーヴは、トウメイ以来の、牝馬の年度代表馬に選ばれた。

年度代表馬を手土産に引退して繁殖牝馬になってもおかしくなかったが、エアグルーヴはもう一年現役をつづけている。伊藤雄二はよく、サラブレッドには「競走族」と「繁殖族」があって、エアグルーヴは「競走族」だと話していた。繁殖馬としてよりも、ランナーとして活躍する馬だと言うのだ。

一九九八年。エアグルーヴは七戦してGⅡの大阪杯と札幌記念に勝った。宝塚記念はサイレンススズカに逃げきられて三着、秋は確勝を期したエリザベス女王杯で三着と不覚をとり、ジャパンカップは二年連続で二着、最後の有馬記念は五着だった。通算十九戦九勝、勝ったGⅠはオークスと天皇賞（秋）だけだが、歴史に名を残す名牝だった。

引退後、ノーザンファームで繁殖牝馬となったエアグルーヴはアドマイヤグルーヴ（エリザベス女王杯二勝）、ルーラーシップ（香港・クイーンエリザベスⅡ世カップ）など四頭の重賞勝ち馬を産み、アドマイヤグルーヴも二冠馬ドゥラメンテの母になった。エアグルーヴの姉カーリーエンジェルは未勝利で引退したが、繁殖牝馬になってからオレハマッテルゼ（高松宮記念）など三頭の重賞勝ち馬をだすなど、ダイナカールのファミリーは二〇〇〇年代を代表する母系として繁栄している。

名調教師もときには見立て違いをするものである。

10

ゼンノロブロイ
秋古馬GI三連勝

社台グループ（白老ファーム）が生産したサンデーサイレンス産駒で、調教師は藤沢和雄というエリートホースである。通算成績は二十戦七勝。四歳春の天皇賞で四番人気（二着）になった以外はすべて三番人気以内に支持され、五着以下は引退レースの有馬記念（八着）だけと、すばらしく堅実だった。多くのファンには頼りになる馬だったろうが、穴党のわたしには、なんとも厄介な〝馬券の敵〟でもあった。

ゼンノロブロイのハイライトは天皇賞、ジャパンカップ、有馬記念と三連勝した四歳の秋だった。一年でこの三レースに勝った馬には賞金とはべつに二億円の報奨金がでるが、その恩恵に浴した馬は二〇〇〇年のテイエムオペラオーとゼンノロブロイだけである。

それほどの名馬なのだが、ゼンノロブロイを思いだそうとすると、どことなくぼんやりしている。スピードもパワーもあって瞬発力にもすぐれている、総合力の高い馬だった。気性面でむずかしいタイプでもなく、スタートもよく、ペースが速くても遅くても、先行しても後方に控えても、どんなレースでも自分のリズムで走っていた。根がやさしいのか、ゴール前の競り合いには淡泊で、首や頭差負けが四度ある。勝利に執念を燃やすというよりも、藤沢が口癖のように言っていた「じょうずに競馬ができる馬」だった。

ゼンノロブロイは二〇〇〇年三月二十七日に北海道白老町の白老ファームでうまれた。母のローミンレイチェル（父マイニング）はアメリカで九勝した活躍馬で、バレリーナハンデ（七ハロン＝約千四百メートル）というGⅠに勝っていて、アメリカで三頭の仔を産んだのち、一九九九年に白老ファームに輸入された。

サンデーサイレンスとローミンレイチェルの仔は当歳で日本競走馬協会のセレクトセールに上場され、株式会社ティーエムインターナショナルが九千万円で落札、大迫忍（ゼンリン社長）の所有馬になった。大迫は一九九〇年代半ばから馬を所有している新進馬主だった。ゼンノロブロイの前にはマイルチャンピオンシップに勝つゼンノエルシドや重賞四勝のダイヤモンドビコーも所有していて、二頭とも藤沢和雄厩舎に所属していた。

ゼンノロブロイが一歳になった二〇〇一年の秋、わたしは、藤沢にゆっくりと話をきく機会があった。厩舎を開業して六年めの一九九三年に調教師成績で一位になった藤沢は、九五年からリーディングトレーナーを独走していた。このときすでに勝利数は五百七十を超え、タイキシャトルをはじめ七頭のGⅠ馬を育てていたが、外国産馬が多いこともあり、クラシックレースはまだ未勝利だった。

このころから藤沢は自分で馬を選ぶことはほとんどなくなったと言っていた。せりに行くこともすくなくなったし、外国産馬も馬主が買ってきた馬を預かるだけだと。

「調教師の仕事は毎日美浦にいて調教することでしょ。それに、仔馬はそれぞれの育成の時季や方法によって変わってくるから、仔馬も専門のエージェントやバイヤーに任せて選んでもらうべきなんです」

そう言いきる藤沢は小林稔や伊藤雄二のような伯楽ではない。トレーナーである。インタビューした当時、藤沢厩舎の重賞勝ちは四十を超えていたが、すべてが外国産馬か社台グループの生産馬で、クラブ法人の所有馬も多かった。わざわざ自分で馬を探さなくても良質の馬が集まってきたし、それをどう調教していくかが藤沢の仕事だ。

藤沢はまた我慢する調教師としてファンにも知られていた。我慢ができるのではない。我慢するのが普通なのだ。馬はいいコンディションにならなければ厩舎に入れない。だめだと判断すれば、すぐに休ませる。だから、「なんでおれの馬を使わないんだ」と言ってべつの厩舎に替わった馬主も多かったという。

ゼンノロブロイのデビューも例にもれず遅く、三歳になってからである。ゆっくり始動するのは「藤沢流」だが、元来体質が強かったのだろう。ゼンノロブロイは五歳の有馬記念で引退するまで、大きな怪我も病気もなく、コンスタントに走りつづけるのである。

二〇〇三年春。二月の中山でデビューしたゼンノロブロイは、芝千六百メートルの新馬戦を追い込んで勝った。母系の血統はダートの短距離タイプだが、このあとは二千メートル以上のレースに使われ、阪神に遠征してすみれステークス三着、中山の山吹賞を勝ち、ダービートライアルの青葉賞も楽勝する。三番人気の支持を得たダービーは、ゆったりとした流れのなか二番手を進んで直線のなかほどで先頭に立ったが、内から伸びてきた皐月賞馬のネオユニヴァースに抜かれて二着。半馬身差及ばなかった。

二〇〇三年秋。神戸新聞杯はサクラプレジデントに三馬身半差をつけて楽勝したが、菊花賞は優勝したザッツザプレンティから三馬身ほど遅れて四着に終わった。春は横山典弘が主戦として乗っていたが、神戸新聞杯はアメリカのケント・デザーモ、菊花賞はフランスのオリビエ・ペリエが騎乗している。これ以降、ゼンノロブロイには短期免許で来日する外国人騎手が乗ることが多くなり、頻繁に騎手が替わっていく。だれの手綱でもおなじように走れるのがゼンノロブロイのいいところだが、しばらくは勝運に恵まれないレースがつづく。柴田善臣が乗った有馬記念も厩舎の先輩シンボリクリスエスの独走をはるか前に見ながらの三着だった。

二〇〇四年の春は三戦し、三人の騎手が乗って勝てなかった。柴田善臣が乗った日経賞は逃げたウインジェネラーレを捉えきれずに首差の二着。天皇賞（春）はオーストラリアのダミアン・オリヴァーが乗って二着、大逃げを敢行した十番人気のイングランディーレに七馬身の差をつけられた。さらに田中勝春に替わった宝塚記念もタップダンスシチーの快走に屈して四着に終わった。

ここまで十一戦して四勝。ＧⅠは五戦していずれも完敗である。強い馬だがチャンピオンクラスではない。そんな評価も定まりつつあった。

二〇〇四年の秋。京都大賞典は岡部幸雄が乗ってナリタセンチュリーに首差の二着だったが、このあとオリビエ・ペリエが乗って三つのＧⅠに挑むことになる。

ひとつめのＧⅠ、天皇賞（秋）。最有力と目されていたダービー馬キングカメハメハが屈腱炎を発症して十日前に引退、タップダンスシチーはフランスの凱旋門賞に向かって不在だった。ほかのＧⅠ馬も故障休養明けだったり不振がつづいていたりで、ゼンノロブロイが一番人気になった。ＧⅠを手にするには願ってもないチャンスだった。

ゼンノロブロイはこれをしっかりとものにした。レース序盤は中団に待機し、直線のなかほどでスパートすると、先に抜けだした十三番人気の桜花賞馬ダンスインザムードをゴール前で捉える、完璧な勝利だった。ゼンノロブロイがようやくＧⅠ馬になり、二着も自分の厩舎の馬ということで、藤沢は機嫌もよかった。

「最後は内に女の子（ダンスインザムード）がいたから、これをかわさないといけないと思って見ていました。女の子はまだ若いし、来年以降もチャンスがあるからね」

追い抜かれた女の子はなかなかチャンスがめぐってこなかったが、二年後に創設されたヴィクトリアマイルに勝っている。

ふたつめのＧⅠ、ジャパンカップ。ゼンノロブロイは天皇賞につづいて一番人気だった。二番人気はホッカイドウ競馬所属の三歳馬コスモバルク。中央の三冠レースに挑んで、皐月賞二着（一番人気）、ダービー八着（二番人気）、菊花賞四着（二番人気）になった、地方から中央のGIにチャレンジしつづける馬を多くのファンが応援していた。二番人気はダービー二着、菊花賞七着のハーツクライ。ディープインパクトを破って驚かせるのは翌年の有馬記念だ。来日馬は五頭で、もっとも人気があったのはアイルランドのパワーズコートで八番人気だった。タタソールズゴールドカップ（アイルランドGI）に勝ち、アイルランドのチャンピオンステークスとブリーダーズカップ・ターフで三着になった実力馬である。

この日もゼンノロブロイはいつものように「じょうずな競馬」をした。中団のポジションをキープし、直線に向いてスパートすると、先に先頭に立っていたコスモバルクを楽に抜き去ってゴールする。コスモバルクとは三馬身差。これでGI二連勝である。

タイキブリザード（一九九五年・四着）、バブルガムフェロー（九六年・十三着、九七年・三着）、シンボリクリスエスなど、これまで何頭も出走させてきたジャパンカップは、海外志向の強い藤沢にとって勝ちたいGIのひとつだった。

「ここまで長い時間がかかりました。ほんとうに嬉しいです」

とぼけた受け答えで取材者をはぐらかすことが多い藤沢にしてはめずらしく、率直に勝利をよろこんでいた。

そして三つめのGI、有馬記念。ファン投票でも断トツの一位となったゼンノロブロイは単勝二倍の一番人気だった。以下、ジャパンカップ二着のコスモバルク（七倍）、凱旋門賞（十七着）から帰国したタップダンスシチー（八・八倍）、菊花賞馬でジャパンカップ三着のデルタブルース（八・九倍）と人気がつづいていたが、ゼンノロブロイの勝利は動かないというのが大方の予想だった。

　レースは天皇賞、ジャパンカップとは一変し、速いペースで緊張感のある流れになった。タップダンスシチーが迷うことなく先頭に立って逃げると、一枠一番からスタートしたゼンノロブロイは「内に包まれないように」というペリエの判断で、いつもより前の二、三番手を進む。シンボリクリスエスでタップダンスシチーと何度も戦っていたペリエは、自分のペースで逃げたときのタップダンスシチーの強さをよく知っている。いままでにない積極的なレースぶりから、相手はタップダンスシチー一頭と決めているようだった。

　最後の直線は二頭のマッチレースとなった。タップダンスシチーの逃げはいっこうに衰えなかったが、それに迫り、ラスト百メートルで並び、半馬身だけ前にでたところがゴールだった。優勝タイムは二分二十九秒五。有馬記念の歴史のなかでたった一度記録された二分二十九秒台の大レコードだった。二千四百メートルまでそのスピードで逃げていたタップダンスシチーにも驚かされたが、それについていって勝ったゼンノロブロイはもっとすごかった。

　藤沢とペリエのコンビはシンボリクリスエスにつづいての勝利で、有馬記念三連覇となった。そして秋のＧⅠを三連勝という記録をつくったゼンノロブロイも文句なく二〇〇四年の年度代表馬に選出された。

　ゼンノロブロイは五歳になった二〇〇五年も現役をつづけたが、五戦して勝てなかった。

　春は宝塚記念だけに出走し、ケント・デザーモが乗って牝馬のスイープトウショウの三着だった。八日前に馬主の大迫忍が五十九歳で亡くなり、このあとから妻の大迫久美子の所有馬として走っている。

夏はイギリスに遠征して十ハロン（約二千メートル）のGⅠインターナショナルステークスに出走、首差で二着になった。勝ったのはイタリアのエレクトロキューショニスト。翌年、アラブ首長国連邦ドバイの皇太子だったモハメド・ビン・ラーシド・アル・マクトゥーム（現首長）の競馬法人ゴドルフィンにトレードされて、ドバイワールドカップに勝つ馬である。

秋は二年連続で三つのGⅠに挑んだが、横山典弘が乗った天皇賞は二着、デザーモが乗ったジャパンカップと有馬記念は三着、八着に終わった。

引退後は社台スタリオンステーションで種牡馬になったゼンノロブロイはオークス馬サンテミリオンなどの父になった。二〇〇六年秋にはニュージーランド、翌〇七年にはオーストラリアと、繁殖時期が日本と逆になる南半球でも種付けをしている。

二〇一六年からは日高町のブリーダーズ・スタリオン・ステーションに移動し、二〇二一年からは新冠町の村上欽哉牧場で生活していたが、二〇二二年九月二日に心不全が原因で息をひきとった。藤沢和雄が調教師を引退した半年後だった。

11

アドマイヤムーン
ドバイが認めた強さ

二〇〇七年七月十七日、『日刊スポーツ』紙の競馬欄に信じられないような見出しが躍っていた。

〈ムーン海外移籍40億円　世界最強軍団ゴドルフィンが巨額オファー〉

アドマイヤムーンに、アラブ首長国連邦ドバイの首長シェイク・モハメドの競馬法人ゴドルフィンから、四十億円でトレードのオファーがきたというのだ。日本の馬もついにここまできたか、というのが率直な感想だった。金額の大きさに驚きながら、ゴドルフィンの青い勝負服を着たランフランコ・デットーリ（当時ゴドルフィンの主戦騎手だった）が乗ってイギリスやフランスのGＩで走るアドマイヤムーンの姿を想像した。

七月二十四日には馬主の近藤利一《りいち》が記者会見を開いて、ゴドルフィンにトレードすることで基本合意したと発表した。正式契約はまだだが、近藤は天皇賞に使うことを条件に提示したというニュースがスポーツ紙を飾った。

ところが、イギリスの『レーシングポスト』紙のウェブサイト（七月二十五日）の「Sheikh moves into Japan with purchase of Admire Moon」という記事では、シェイク・モハメドのサラブレッド・アドバイザーであるジョン・ファーガソンは「ダーレー・ジャパンがアドマイヤムーンを購入する契約にサインした」と語っていて、アドマイヤムーンは天皇賞に出走し、引退後はダーレー・ジャパン・スタリオンコンプレックス（北海道日高町）で種牡馬になるということだった。さらに記事はダーレー・ジャパン・ファームが馬主としてＪＲＡから認可されたことで、モハメドが日本での競馬ビジネスを展開するための準備が整ったような話を伝えていた。

どちらもモハメドの関連会社だが、ゴドルフィンにトレードされるのとダーレー・ジャパンに売却されるのとでは状況がずいぶんと違う。いったい、どっちが正しいのか――。

こんな原稿を当時連載していた『週刊Gallop』誌のコラムに書くと、馬主の近藤利一から連絡がはいった。担当編集者と一緒に大阪にある近藤の会社（合建株式会社）をたずねると、記者会見では「ダーレーからオファー」と言ったのが「ゴドルフィンから」と報道されてしまったのだと近藤は説明した。そして、天皇賞を使うことと厩舎を替えないことを条件として提示し、引退後は日本で種牡馬にしてほしいという希望もだしたという。

スポーツ紙の記事を鵜呑みにしたわたしの早とちりだったわけだが、それにしてもすごいことだな、と思った。日本国内では四歳春の宝塚記念がはじめてのＧＩ優勝だったアドマイヤムーンが、ドバイデューティーフリー（現ドバイターフ）に勝ったことで評価が大きく変わったのである。

アドマイヤムーンは二〇〇三年二月二十三日にノーザンファームでうまれた。父のエンドスウィープはアメリカでダート七ハロン（約千四百メートル）のGⅢの勝ち馬で、日本で種牡馬になって三年めの二〇〇二年に死んでしまい、アドマイヤムーンは最後の世代だった。母のマイケイティーズ（父サンデーサイレンス）は未出走馬だが、祖母のケイティーズファースト（父クリス）は名牝ヒシアマゾンの姉という血統になる。

当歳で日本競走馬協会のセレクトセールに上場され、近藤利一が千六百万円で落札している。このときエンドスウィープ産駒の当歳馬は十二頭落札されているが、そのなかでも八番めの価格で、牝馬よりも安かった。近藤自身は一億三千九百万円のサンデーサイレンス産駒の牡馬（のちのアドマイヤメイン）を筆頭に十五頭落札し、アドマイヤムーンは十一番めだった。

強面の建設会社社長。せりで高い馬を買いまくる大オーナー。日本馬主協会連合会の労務・預託委員長を務め、厩務員組合の春闘では強硬な姿勢で対応にあたった人物……。近藤にはどうしても恐い人というイメージがつきまとっていたが、わたしは、冒頭に書いたときを含めて直接会って話をきいたのは二度だけである。最初は雑誌のインタビューで、アドマイヤムーンがデビューする一年前だった。

近藤が馬主になったのは一九八〇年代の半ばで、もともとギャンブルは嫌いだったが、同業者の友人に競馬場に誘われたのがきっかけだったという。最初にもったのはカイタイオー（一勝）という牡馬だった。

「うちの会社はビルの解体業からはじまったので〝解体王〟とつけたんだが、すぐに故障しちゃった」

そう言ってわたしたちを笑わせた近藤は、その後は「アドマイヤ」という冠名を使うようになる。アドマイヤ（admire）とは賞賛するとか感嘆するという意味だが、なんとなく思いついたそうだ。

一九九九年にはアドマイヤベガでダービーに勝った。調教師は近藤の最初の馬カイタイオーを手がけた橋口満だった。

「橋口はぼくとおなじで偏屈な男だけど、もう兄弟みたいな仲ですよ。ぼくは気の合う調教師としか付き合わないし、みんなとは人間的な付き合いをしているから、調教師を先生と言わない。松田博資《ひろよし》なんて人間的にすばらしい男だけど、イガグリと呼んでいる」

イガグリこと松田博資はアドマイヤベガの母となる二冠牝馬ベガを育てた人物で、アドマイヤムーンを預かることになる。

松田博資厩舎からデビューしたアドマイヤムーンは二歳の夏に函館の新馬戦に勝つと、札幌のクローバー賞、札幌二歳ステークスと三連勝して一躍クラシック候補となった。ところが年末のラジオたんぱ杯二歳ステークスではサクラメガワンダーに鼻差で敗れている。

三歳になると騎手はそれまで手綱をとってきた本田優から武豊に替わった。アドマイヤベガでダービーに勝った武は、このころは「アドマイヤ」のエースジョッキーだった。

武が主戦となったアドマイヤムーンは共同通信杯、弥生賞と連勝し、皐月賞では単勝二・二倍の一番人気となったがメイショウサムソンの四着に負けてしまう。さらにダービーも三番人気で七着だった。メイショウサムソンが二冠を達成し、二着は一億三千九百万円のアドマイヤメイン（橋口満厩舎）だった。

秋は距離適性を考慮して菊花賞には向かわず、二千メートルのレースを使われている。しかし、札幌記念に勝って臨んだ天皇賞は追い込んで届かず三着、さらに香港カップもよく追い込んできたがフランスの六歳牝馬プライドに短頭差で届かなかった。すでに重賞四勝で、だれもが認めるトップホースなのだが、なかなかGIは勝てなかった。

二〇〇七年。四歳になったアドマイヤムーンは京都記念を勝ち、ドバイに遠征する。挑むのは千七百七十七メートルのGI、ドバイデューティーフリーである。このレースには日本からは天皇賞（秋）、マイルチャンピオンシップを連勝して有馬記念でも三着になったダイワメジャーも参戦していた。

レースは日本馬二頭を巡る争いになった。前でレースを進めていたダイワメジャーが直線に向いて先頭に立つと、中団から追い込んできたアドマイヤムーンが一気に抜き去り、最後はアイルランドの五歳牡馬リンガリの追い込みを半馬身抑えて優勝する。なかなか勝てなかったGIをドバイで勝ちとったのだ。

このあと香港に向かってクイーンエリザベスⅡ世カップで三着となって帰国したアドマイヤ

ムーンは、検疫と休養を経て、宝塚記念に出走する。このレースから主戦騎手は岩田康誠《やすなり》に替わっている。

この年の宝塚記念はすばらしく豪華なメンバーとなった。春の天皇賞にも勝っているメイショウサムソンをはじめ、牝馬として六十四年ぶりにダービーを制したばかりのウオッカ、GＩ四勝のダイワメジャー、シンガポール航空国際カップの優勝馬コスモバルクとシャドウゲイト、前年の三歳牝馬GＩ二勝のカワカミプリンセス、そしてアドマイヤムーンを加えてGＩ馬が七頭、さらに国内外のGＩで二着の経験がある馬も七頭いた。

雨・稍重とレースコンディションはよくなかったが、ローエングリンが暴走気味に逃げる激しい流れになり、最後の直線で抜けでてきたのはメイショウサムソンとアドマイヤムーンだった。二頭の競り合いはゴールまでつづき、半馬身差でアドマイヤムーンが競り勝った。力だけでなく、精神力も試される厳しいレースを勝ちきったのだ。香港やドバイ遠征をとおして心身ともに大きく成長したアドマイヤムーンは、世界でも屈指の中距離馬であることを証明した。

そしてこの一か月後、前述したようにダーレー・ジャパン・ファームへのトレードが決まるのだが、九月下旬、わたしはシェイク・モハメドの代理人を務めるジョン・ファーガソンに会うことができた。北海道に牧場をつくり、JRAの馬主資格も確保したダーレー・ジャパンの日本進出について取材していたのだが、「ダーレーについて知りたいならば、自分が会って話そう」とインタビューを受けてくれたのだった。日本のメディアに取材を受けるのはこのときがはじめてだったそうだ。

取材の主目的はモハメドが日本で展開しようとしている競馬ビジネスについてだったが、当然、アドマイヤムーンについてもきいている。「アドマイヤムーンは三つの点でシェイク・モハメドにアピールしました」とファーガソンは言った。

「第一に血統がひじょうにいい。第二に世界でもっともタフな競走馬であること。そして第三にうつくしい馬だということです。ドバイでムーンを見たとき、シェイクは一目惚れしました」

アドマイヤムーンの父エンドスウィープはアメリカと日本で八年間の種牡馬生活だったが、アメリカとニュージーランドでGI馬をだし、日本ではアドマイヤムーンのほかにサウスヴィグラス（JBCスプリント）、スイープトウショウ（宝塚記念）、ラインクラフト（桜花賞）らが活躍、ダートの短距離から芝の中距離まで、産駒は幅の広い活躍をしていた。また、エンドスウィープの父フォーティナイナーも日本で種牡馬生活をおくっていて、アメリカに残してきた産駒の活躍で買い戻しのオファーがくるほど評価が高かった。こうした血統背景も種牡馬としての価値が高くなった理由なのだろうが、それにしても四十億円は途方もない金額だ。

「これほど多くの金額を払ったのは、優秀な種牡馬になるだろうと思っているからです。それを考えれば、長期的には高い買い物ではなくなるでしょう」

金のことなどまったく気にしないのはシェイク・モハメドの代理人らしい。

さて、ダーレー・ジャパン・ファームの勝負服で走ることになったアドマイヤムーンは近藤が希望していた天皇賞に出走したが、武豊が乗ったメイショウサムソンの六着に負けた。

引退レースはジャパンカップになった。メイショウサムソンが圧倒的な一番人気となり、ウオッカが二番人気、アドマイヤムーンはダービー以来の二千四百メートルということもあって五番人気と評価を落としていた。単勝十・九倍はデビュー戦の八倍（五番人気）を上回る、生涯最高オッズになった。来日馬は四頭いたが、もっとも人気があるのはアイルランドの六歳牡馬アルティストロワイヤルで三十七・二倍（七番人気）と、日本馬の争いと見られていた。

レースはスローペースになった。その五、六番手を進む、いつもより積極的に前に行っているように見えたアドマイヤムーンは、直線では外をとおって早めにスパートしたメイショウサムソンやウオッカとは対照的に、内でじっと我慢し、スペースができると、一気に抜けだしてきた。最後はポップロックに頭差まで迫られたが、岩田の冷静な騎乗が呼び込んだ勝利だった。二千四百メートルでも勝利し、この年三つのＧⅠを制したアドマイヤムーンは年度代表馬のタイトルを手にダーレー・ジャパン・スタリオンコンプレックスで種牡馬になった。

二〇二三年。二十歳になったアドマイヤムーンは、さすがに種付け頭数はすくなくなったが、現役の種牡馬として生活している。産駒は短距離を得意とする馬が多く、二頭のＧⅠ馬、ファインニードル（高松宮記念、スプリンターズステークス）、セイウンコウセイ（高松宮記念）などが後継種牡馬となっている。

12 モーリス アジアの王者

二〇一四年秋、いまは休刊になってしまった競馬雑誌『サラブレ』（十月号）で、ライターや記者が秋競馬で期待する「上がり馬」と「穴馬」を推薦する企画があった。わたしは予想もしていないし（そんな才能なんてない）、つねに馬の動向をチェックしているわけでもないが、せっかく依頼を受けたので、菊花賞の穴馬として三頭のスクリーンヒーロー産駒をとりあげた。スクリーンヒーローはこの年の三歳が初産駒だったが、デビュー戦を九馬身差で逃げきったオーシャンヒーロー（その後、故障してしまった）という天才肌のランナーを見てから気になっていた種牡馬だった。

そういうわけで、第一に推薦したのは二連勝のあとレパードステークスで二着になったクライスマイルだった。三戦ともダートだが、パドックの映像を見た感じでは芝もよさそうだと思っていた。母の父は「穴党の神」ホワイトマズルということもあって菊花賞にでてほしいと願っていたのだが、脚元が悪くて休養にはいり、復帰してからもずっとダートで走ることになる。二頭めは札幌の二千六百メートルで二連勝していたゴールドアクター。すでに菊花賞のダークホースとして評判になっていた馬で、実際に菊花賞は七番人気で三着になった。さらに翌年の有馬記念は八番人気で勝っている。

そして三頭めにあげたのがモーリスだった。ここまで七戦二勝。四連敗中だが、祖母がアルゼンチン共和国杯など重賞四勝のメジロモントレー（父モガミ）で、母の父が凱旋門賞馬カーネギーというステイヤー血統である。しかし、秋になって厩舎が替わり、休養していることをわたしは知らなかった。それどころか、ただ血統だけで菊花賞の穴馬と思っていた馬は、じつは二千メートル以下が適性距離で、日本と香港で六つのＧＩに勝つスーパーホースとなるのである。

モーリスがうまれた戸川牧場（北海道日高町）は二〇一四年に西武ライオンズに育成選手枠でドラフト指名された戸川大輔（外野手、二〇一九年に一軍に昇格したが、怪我などもあって二〇二二年に引退）の生家として知られている。牧場の創業は一九六〇年で、三代め代表の戸川洋二は婿養子である。洋二と妻の晴恵はメジロ牧場で働いていたときに知り合って結婚、晴恵の実家の牧場を継ぐことになったという。モーリスが活躍していた当時、繁殖牝馬は八頭で、洋二夫妻と義父母の四人で世話をしている。戸川牧場の生産馬を見ると、二〇〇〇年以前は地方競馬に行く馬が多く、リュウズイショウ（笠松）という、なつかしい名前もあった。東海ダービーなど十六勝したトウショウボーイ産駒で、一九八五年には福島の地方競馬招待でテツノカチドキ（大井）の二着になった馬だ。二〇〇〇年代にはいると中央に行く馬も増え、二〇一〇年にはダイシンオレンジがはじめてＪＲＡの重賞（アンタレスステークス）に勝っている。

モーリスの母となるメジロフランシスは戸川夫妻がメジロ牧場で働いていた縁で戸川牧場にやってきた。競走馬としては八戦して勝てなかったが、繁殖牝馬としては優秀だった。毎年こどもを産み、モーリスの前にうまれた五頭すべて競走馬としてデビューし、三頭が勝ち馬になっている、いわゆる〝仔出し〟のいい牝馬だった。そして牧場にきて六年めに種付けされたのが、種牡馬になって一年めのスクリーンヒーローである。ジャパンカップに勝ったあと成績が芳しくなかったスクリーンヒーローの種付け料は受胎を条件に三十万円（出産条件では五十万円）と格安で、八十四頭の牝馬に種付けし、五十八頭の産駒がうまれている。そのなかにモーリスをはじめ冒頭に書いた馬たちがいたのだ。

二〇一一年三月二日に誕生したメジロフランシスとスクリーンヒーローの仔は、一歳の八月に日高軽種馬農協（ＨＢＡ）のサマーセールで百五十万円で株式会社ターフマネジメントに落札される。そのあとは大作ステーブル（北海道新冠町、代表・村田大作）で育成調教が施され、二歳の五月にＨＢＡトレーニングセールに上場されるとノーザンファームが一千万円で落札している。

ノーザンファーム代表・吉田勝已の妻、吉田和美の勝負服で走ることになったモーリスは、栗東トレーニングセンターの吉田直弘厩舎に預けられる。デビューは二歳の十月、京都の千四百メートルで、内田博幸が乗り、中団からあっさりと抜けだして一着に三馬身の差をつけた。二戦めの京王杯二歳ステークスはライアン・ムーアが乗ったが、スタートで出遅れて六着。三戦めの万両賞は川田将雅《ゆうが》が乗って勝った。

しかし、三歳になるとシンザン記念五着（騎手・内田）、川田が乗ったスプリングステークスと京都新聞杯で四、七着で、皐月賞にもダービーにも出走できなかった。この原稿を書くために川田のコメントを読んでみると「この馬にはもうすこし短い距離のほうが合っていると思う」と話している。さすがに名手の指摘は的確だ。さらにこのあと、浜中俊が乗って白百合ステークスに出走したが三着に終わり、春シーズンを終えている。

そして、わたしが菊花賞の穴馬として狙おうと思っていた秋、モーリスは美浦の堀宣行《のりゆき》厩舎に移籍する。

堀は取材嫌いで知られ、GⅠを勝ったあとの共同記者会見に出席せずに問題となったこともある。わたしがインタビューしたのはたった一度、堀が厩舎を開いて四年めの秋で、夏にはじめての重賞（函館スプリントステークス、ビーナスライン）に勝っていた。吉田和美の所有馬ロックドゥカンプ（セントライト記念など重賞二勝）やキンシャサノキセキ（高松宮記念連覇など重賞七勝）が活躍しだしたころで、この二頭の活躍を契機にノーザンファームの有力馬を預かるようになり、のちの躍進につながっていくのだが、堀自身はたしかに取材は好きではないようだった。

きちんとアポイントを取り、約束していた時刻に厩舎をたずねたのに断られ、日時をあらためて美浦に出直すことになるのだが、このときも馬の生活を優先したいということで午後も遅い時間からの取材になった。それでも、いざ会って話をしてみると、思いのほかフランクな人だった。むしろ、大学を卒業したあと一般企業で働いた経験があるためか、話も感覚も常識的な感じがした。まじめすぎるがゆえに馬にのめり込み、まわりが見えなくなってしまうのだろうか、というのがそのときの印象だった。

堀は一九九一年五月に美浦の諏訪富三厩舎の厩務員として競馬の社会にはいった。その年の十一月から二ノ宮敬宇《よしたか》厩舎の調教助手になり、二〇〇二年に調教師に転じている（翌年開業）。調教助手時代、堀はドバイ奨学生としてイギリス・ニューマーケットで三か月間研修している。ドバイ奨学生制度とはドバイのシェイク・モハメドが一九八三年にジャパンカップに出走したハイホークの応援で来日した際、日本側の歓待ぶりに感激し、日本の競馬界に役に立ちたいとはじめたものだ。日本の競馬は施設は立派だが、馬を扱う人のレベルが低いというのがモハメドの印象だったらしい。奨学生制度は一九八四年からはじまり、毎年、ＪＲＡの騎手と調教助手がそれぞれ一名ずつ、三か月間イギリスで研修を積んできた。国枝栄や矢作《やはぎ》芳人はドバイ奨学生としてイギリスで研修を積んで調教師となったが、堀も「あのときの経験が大きかった」と言った。

「調教師になろうと思ったのもあの研修がきっかけで、とくにマイケル・スタウトがやっていたことが、いまの自分のベースになっているんです」

マイケル・スタウトは一九八〇年代のヨーロッパ最強馬の一頭シャーガー（種牡馬になって

から、誘拐されて行方不明となった）をはじめ、多くの名馬を育てた調教師である。一九九六、九七年にはシングスピール、ピルサドスキーでジャパンカップを連覇している。そのスタウトから「Find the details（細かいところに気をつけろ）」と言われたことが強く印象に残った堀は、それを自分に言いきかせながら毎日仕事をしているという。

モーリスは堀厩舎に移籍してきた当初、背腰を痛がっていた。堀は辛抱強くケアし、状態がアップするまで待った。

復帰戦は四歳の一月、一千万下（現二勝クラス）の若潮賞（中山）で、アイルランド人のフランシス・ベリーで勝った。さらに、戸崎圭太に乗り替わり、中山で千六百万下（現三勝クラス）のスピカステークスとダービー卿チャレンジトロフィーを連勝する。とくにダービー卿チャレンジトロフィーでは四コーナーで十三番手という位置から追い込んできて二着に三馬身半差をつけてしまう、唖然とするような走りだった。

こうして、この春最大の「上がり馬」として話題となっていたモーリスは、安田記念でも一番人気に推された。騎手は川田将雅に替わり、好スタートから四、五番手をキープすると、直線の中ほどでスパートし、外から追い込んできた三番人気のヴァンセンヌを首差抑えこんだ。小差でも完勝と言える内容だった。堀厩舎に移籍して四連勝、瞬く間にＧⅠホースへとのぼりつめたモーリスにはここまでの十一戦で六人の騎手が乗ってきたが、いかにも堀厩舎に所属するノーザンファームのトップホースらしく、このあとは全レースを外国人騎手が乗っている。

秋の始動は毎日王冠を予定していたが、体調が整わず、いきなりＧⅠのマイルチャンピオンシップとなった。騎手は短期免許で来日していたライアン・ムーア。出遅れて六着に負けた京王杯二歳ステークス以来である。安田記念から五か月間隔があいたこともあって四番人気と評価を落としていたが、いまのモーリスには老婆心にすぎない。前半は中団に控え、ひさしぶりだったせいか、いくらか気負って走っているようにも見えたが、直線に向くと勢いよく追い込んできた。二着フィエロとの着差は一馬身四分の一。力の違いを見せつける勝ち方だった。

マイルGIを連勝したモーリスは香港マイルに向かう。一番人気は前年の優勝馬エイブルフレンド（香港）に譲ったが、はじめての飛行機輸送も、香港の芝も、まったく問題なかった。ひきつづき手綱をとったムーアも自信たっぷりの騎乗で、いつものように中団を進み、直線では外をとおって追い込むと、ラスト百メートルで先頭に立ってそのままゴールインする。追いすがるジャイアントトレジャーとは四分の三馬身差。香港マイルの日本馬優勝は二〇〇一年のエイシンプレストン、二〇〇五年のハットトリックにつづいて三頭めだった。

この年、六戦無敗。日本と香港でマイルのGI三連勝という記録を残したモーリスは、JRA賞の年度代表馬と最優秀短距離馬に選ばれた。短距離馬が年度代表馬になるのは一九九八年のタイキシャトル、二〇一三年のロードカナロアにつづいて三頭めである。この時点ですでに、顕彰馬にも選ばれた偉大なマイラー、スプリンターにつづく存在になっていた。

モーリスの二〇一六年は香港遠征からはじまった。五月一日のチャンピオンズマイル。二〇〇一年の創設で、二〇〇七年にGIに格付けされた、あたらしいレースだ。騎手は三年前から香港を拠点にしているブラジル人のジョアン・モレイラ。一年前、札幌のワールドオールスタージョッキーズに参加したときには二日間で七勝し、「マジックマン」の愛称も日本のファンに浸透していた名手である。

香港最強の騎手を得たモーリスはさらなる強さを見せる。レースは中団の前から、四コーナーでは先行馬を射程内に入れると、直線では余裕たっぷりに突き抜ける。二着のコンテントメント（香港）には二馬身の差をつけ、これでマイルGⅠ四連勝である。

帰国したモーリスは安田記念に臨む。騎手はオーストラリア人のトミー・ベリーに替わった。着地検疫をはさんで一か月というレース間隔も影響したのか、スタート直後は気負い気味に前に行き、なんとか二番手で折り合ったようにも見えたが、八番人気のロゴタイプにまんまと逃げきられてしまう。着差は一馬身四分の一。ロゴタイプは二年前の皐月賞馬だが、それ以降十六連敗中だった。

このあと、陣営は二千メートルをターゲットにする。血統面だけでいえば、距離はもうすこし長いほうがいい。その手始めに札幌記念に出走する。騎手はジョアン・モレイラに替わり、中団からよく追い込んできたが、おなじ堀厩舎のネオリアリズムに逃げきられて、またしても二着だった。

最後の秋。モーリスは二千メートルのGⅠ、天皇賞と香港カップに出走する。騎手はライアン・ムーアである。モーリスには日本人騎手と外国人騎手が四人ずつ乗っているが、歴史的なスーパーホースなのに、どのレースにだれが乗ったのか判然としないわたしは、時代遅れのファンだ。

十月三十日、天皇賞（秋）。エイシンヒカリがつくったゆっくりとしたペースを四、五番手で追走したモーリスは、直線でいくらか外にふらつくシーンもあったが、ムーアが右鞭をふるうとまっすぐ前を向いて、力強く抜けだしてきた。リアルスティールに一馬身半差。強いモーリスが戻ってきた。

引退レースとなる香港カップは、天皇賞から一転してエイシンヒカリが離して逃げる展開のなか後方にポジションをとったモーリスは、最後の直線でインコースをついて抜けだしてくる。二着のシークレットウェポン（香港）に三馬身差をつける完勝だった。

二〇一六年は日本と香港で五戦して三つのＧⅠを勝った。ＪＲＡ賞の選考では春の天皇賞とジャパンカップに勝ったキタサンブラック（六戦三勝）に負けて年度代表馬にはなれなかったが、特別賞を受賞している。

引退後は社台スタリオンステーションで種牡馬になった。千六百メートルと二千メートル、現代の競馬でもっとも重要な距離で六つのＧⅠを制したモーリスは一年めから二百六十五頭もの繁殖牝馬を集め、最初の世代からジェラルディーナ（エリザベス女王杯）、ピクシーナイト（スプリンターズステークス）、ジャックドール（大阪杯）と三頭のＧⅠホースをだした。さらに、日本と繁殖シーズンが逆になるオーストラリアでも種付けをする、いわゆる「シャトル種牡馬」となり、オーストラリアでもＧⅠ馬をだしている。

一歳の夏に百五十万円で取引された馬は、いまや将来のリーディングサイヤー候補である。

第3章

ぶっちぎりの快感

13

ダイナナホウシュウ
ザ・伝説の逃げ馬

逃げ馬が好きなこともあるが、ダイナナホウシュウという馬にずっと興味があった。通算二十九戦二十三勝。鹿毛の小さな快速馬で、「褐色の弾丸列車」と呼ばれたという。サイレンススズカが逃げて連戦連勝だったとき、ダイナナホウシュウもこんな馬だったのかなと想像したが、サイレンススズカと比べてはさすがにダイナナホウシュウに失礼だ。なにしろ皐月賞まで十一戦無敗、すべて逃げきりだ。さらに菊花賞と天皇賞（秋）にも勝っている。

これほど偉大な名馬がなぜ顕彰馬に選ばれなかったのか不思議でならなかったのだが、ダイナナホウシュウのファンだった詩人の志摩直人は『優駿』（二〇〇四年三月号「記憶に残る名馬たち」）で、伝えきいた話として、顕彰馬に選ばれなかった理由を書いている。

〈それはある大学の権威ある人が「馬品に欠ける」と言った無責任な一言にある。〉

志摩は怒り心頭だ。顕彰馬の選考委員のひとりでもあったダイナナホウシュウの馬主、上田清次郎（馬主協会連合会会長）は激怒していたという。志摩の言う「大学の権威ある人」はおそらく「馬博士」として知られたNと思われる。馬学の権威の目には、褐色の弾丸列車は「馬品に欠ける」と映ったようだ。

ダイナナホウシュウがうまれたのは一九五一年五月十一日、トキノミノルが皐月賞に勝つ二日前のことである。国営競馬は地方競馬や競輪人気に押されて低迷していた。馬もすくないうえに売上げも伸びず、地方競馬に流出する馬も増えていて、国営競馬の危機も囁かれていたころだ。

父のシーマーはトキノミノルとおなじセフトの産駒で、天皇賞（春）の優勝馬である。母の白玲（父レヴューオーダー）も祖母第三シルバーバットン（父ブレアーモアー）も未出走馬だったが、曾祖母のシルバーバットンは明治末に三菱財閥の小岩井農場がイギリスから輸入した繁殖牝馬の一頭で、この系統からもダイナナホウシュウをはじめ多くの活躍馬をだすことになる。

ダイナナホウシュウを生産したのは北海道虻田《あぶた》郡豊浦町の飯原農場である。太平洋に面し、北にはスキー場で有名なニセコ町や、かつてのメジロ牧場があった洞爺湖町がある。冬は雪の多い地域だ。

飯原農場の場主は飯原盛作といった。新潟の地主だったという飯原は二十九歳のときに馬主になり、一九二九年から豊浦で競走馬の生産もはじめている。飯原は国産の安い馬を買い集めて馬をつくってきた人で、最初の生産馬にシラヌヒという牝馬がいた。シラヌヒは北海道の地方競馬で勝ちまくり、三歳になって公認競馬（国が公認した団体が主催する競馬）に移籍すると、中山の優勝戦（新馬に勝った馬で争われるレース）に勝ち、さらに阪神の千八百メートルで一分五十三秒〇という驚くタイムをたたきだす。これは名馬バンザイが帝室御賞典（目黒競馬場）で記録した一分五十三秒七一を更新する日本レコードで、阪神ではさらに二千六百メートルの日本レコードも樹立した。シラヌヒはこの年に創設された日本ダービーの有力候補と目されたのだが、飯原はダービー登録をしていなかった。それでも、シラヌヒの登場は当時の競馬関係者には衝撃的だったようで、中山と阪神での勝利を「競馬界近来の快事である」と書いたのは、菊池寛とおぼしき人物である（筆名・K生、『文藝春秋』一九三二年五月号）。

さて、ダイナナホウシュウがうまれた当時の飯原農場は生産馬にハードトレーニングを課す牧場として知られていた。あまりにもトレーニングが厳しく、飯原農場の生産馬は総じて体が小さかったという。それでなくても戦後の栄養状態の悪いときである。おなじ年に飯原農場でうまれ育ち、ライバルとなるタカオーも小柄な馬で、二頭は揃って体高が五尺一寸（約百五十五センチ）程度で、体重も四百十キロをちょっと超えるぐらいだったと伝えられている。

ダイナナホウシュウは幼名をタマサンといった。飯原農場の生産馬には「サン」や「ザン」がつけられ、飯原の名義で走った馬にはナツサン（十四勝）、ロウサン（十一勝）、ニシサン（五勝、きさらぎ賞二着）、ダイナナホウシュウの妹グンザン（四勝）などがいる。ニシサンの母はシンザン（ダイナナホウシュウの姉キザンの娘）という。

馬主は福岡県の「炭鉱王」として知られた上田清次郎（上田鉱業）である。一九〇〇年に福岡県田川郡川崎村（一九三八年より川崎町）にうまれた上田は、二十二歳で炭鉱を買収して豊《ほう》州《しゅう》炭鉱の経営に乗りだし、戦後の復興期には上田一族が田川郡内で十二の炭鉱を経営するほどになっていた。一九五〇年から国税庁が「高額所得者番付」の公示をはじめると、その年は六位だったが、ダイナナホウシュウがうまれた一九五一年は三位となり、翌年二位、さらに五三年には一億七一八七万円で全国一位になっている。

上田は一九四六年四月の衆議院総選挙で社会党から立候補して当選したが、戦中、翼賛会支部長や在郷軍人会分会長などをつとめたことが抵触し、当選一か月後にはGHQ（連合国最高司令官総司令部）によって公職追放となっている。さらに翌年、「炭鉱国管疑獄」（片山哲内閣が提出した「炭鉱国家管理法案」に反発した炭鉱経営者が、反対派国会議員に活動資金を提供した事件）では、上田は政治家に現金七百万円をばらまいている。検察の取り調べで七百万円の使い道をきかれた上田は「競馬で取られた」と言い張り、「馬券でどうしてそんなに取られるのか」と問われても「馬券はなんぼでも取られます」と、とぼけていたという（佐木隆三「筑豊の挽歌」、『潮』一九八三年三、四月号）。

博打、それも競馬好きで、川崎町の町長だったときも町政は助役に任せて競馬場にかよっていたという上田が、馬主になったのは戦後すぐのことで、最初にもった馬が豊州炭鉱にちなんで名づけたホウシュウである。一九四九年のダービーで三着になるなど、十一勝した活躍馬だった。アラブのダイニホウシュウは国営競馬で五十七戦四十四勝という記録が残っている。これは日本競馬会、国営、そして日本中央競馬会をつうじての最多勝記録でもある。ダイサンホウシュウは十六勝をあげ、ふたつの重賞に勝ち、一九五三年のダービーで二着になった。それから上田が期待した馬には「ホウシュウ」とつけられるのだが、ダイナナホウシュウは幼名のタマサンでデビューしている。馬博士ではないが、見栄えのしない小さな体を見て、さほど期待してなかったのだろうか。

タマサンは京都競馬場の上田武司厩舎に預けられた。上田武司は福岡県小倉市（現北九州市小倉南区）の出身で、戦前は小倉競馬場の騎手兼調教師だった。終戦後、京都競馬場で開業し、サチホマレという牡馬で勝った一九五一年のチャレンジカップが初重賞となったが、この馬の馬主が上田清次郎だった。以来、上田清次郎の馬を数多く預かるようになり、関西を代表する大厩舎となっていく。

さて、上田武司厩舎からデビューしたタマサンには石崎修が乗った。当時、石崎は上田厩舎所属の二十四歳。騎手をやめたあと調教助手となり、松田正弘厩舎では桜花賞馬ニシノフラワーの調教に携わっている。

タマサンのデビュー戦は馬主と調教師の地元小倉の芝千メートルで、逃げて首差の辛勝だった。しかし、それからは連戦連勝で、およそ三か月半で八戦してすべて逃げきった。ここまでは千二百メートル以下で、ダート（中京の砂馬場）も二戦ある。

一九五四年。三歳になったタマサンはダイナナホウシュウと名前をあらためられた。上田清次郎の期待も大きくなった。騎手も上田武司の養子で厩舎のエース、上田三千夫に替わったダイナナホウシュウは、京都千六百メートルと中山千八百メートルのオープンを大差で逃げきり、十戦無敗で皐月賞に向かう。

ところが皐月賞は二番人気だった。一番人気は東京競馬場の上村大治郎厩舎のタカオーでここまで十七戦十四勝二着二回、三着一回、朝日杯三歳ステークスとスプリングステークス、ふたつの重賞に勝っている。おなじ牧場でうまれた二頭が東西のエースとして顔を合わせることになったのだが、わずか百三十一票の差でタカオーが一番人気になっていた。地元の関東馬ということもあったのだろう。

四月十八日、中山競馬場。前日の雨で馬場状態は不良だった。大外の十三番枠からスタートしたダイナナホウシュウはすぐに先頭に立ち、一周めのスタンド前からほかの十二頭を引き離していく。向こう正面では二番手以下に大きな差をつけ、三、四コーナーで後続馬をひきつけ、直線ではまた差を広げていく。ゴールでは二着のオーセイに八馬身差をつける、圧巻の逃げきりだった。タカオーは十三馬身余離された四着だった。

これで十一連勝。クリフジらと並ぶ公認競馬の連勝記録となったのだが、つづくＮＨＫ盃で連勝記録が止まる。ダイナナホウシュウは圧倒的な一番人気になったが、スタートで出遅れて逃げられず三着。直線で抜けだしてきたタカオーが雪辱した。

飯原農場でうまれた二頭はこれで一勝一敗。五月二十三日のダービーではダイナナホウシュウが一番人気となり、一週間前のオープン（一着）を使ってダービーに臨んだタカオーが二番人気だった。ところが、雌雄を決するはずだったレースは思いもしない波乱となった。

地方の大井競馬場では一年前からスターティングゲートを使用していたが、国営競馬はまだ「バリヤー式発馬機」（スタート地点に渡されたテープをスタートのタイミングで撥《は》ねあげる方式）だった。ゲートの導入を提案したのは「年度代表馬」をはじめた白井新平（啓衆社社主）である。一九五二年一月から三か月間、アメリカの牧場や競馬場を視察してまわった白井は、日本の競馬にもゲートが必要だと考え、各方面に導入を提案していた。しかし、国営競馬（中央競馬）は白井の申し出を断り、ゲートの導入は大井より七年も遅れることになる。

バリヤーでは、暴れたり横を向いたりする馬がいるとスタートに手間取った。そのためにスタートがなによりも重要だったのだが、よりによってダービーでバリヤーの弊害が生じる。八番枠のダイナナホウシュウの内側（七番）の馬が、バリヤーがあがると同時に外側に急回転し、九番の馬とぶつかり、一瞬、前をふさがれるかたちになったダイナナホウシュウは大きく出遅れてしまうのだ。

それでも二コーナーで二番手にあがり、四コーナーで先頭に立って直線に向いた。しかし、さすがの弾丸列車も直線のなかほどでスタミナが切れ、そこにタカオーがやってきて前にでたが、さらに外からゴールデンウエーブが追い込んできて、突き抜ける。タカオーは三馬身差の二着、ダイナナホウシュウはさらに二馬身近く遅れた四着に終わった。

皮肉にも、勝ったゴールデンウエーブは大井競馬場出身（二歳時、八戦六勝。地方名ネンタカラ）で、三歳になって東京競馬場の藤本冨良厩舎に移籍した馬である。国営ではここまで七戦五勝、皐月賞、ＮＨＫ杯ともに七着で、ダービーは十二番人気だった。騎手はトキノミノルの岩下密政で、父のミナミホマレは一九四二年のダービー馬である。地方出身馬がダービーに勝ったのはゴールデンウエーブがはじめてで、そのあとは一九五三年のダイゴホマレがいる。

上田清次郎はホウシュウ、ダイサンホウシュウにつづき、ダイナナホウシュウでもダービーに勝てなかった。これがのちのダイコーターの買収につながっていく。

秋になった。九月十六日には「競馬の民営化」のかけ声の下、日本中央競馬会が誕生する。民営化といっても、政府が資本金を出資する農林省管轄の特殊法人である。

菊花賞で雪辱を期すダイナナホウシュウは中央競馬になって九日後のオープン（京都）を逃げきったが、京都盃（現京都新聞杯）、阪神のオープンとダービー三着のミネマサに敗れている。それでも神戸盃（現神戸新聞杯）に勝って菊花賞に向かう。

十一月二十三日、菊花賞。晴れ、良馬場で、出走馬は九頭、一番人気にはミネマサが推されていた。前走の朝日チャレンジカップは六十七キロを背負って四歳馬のミスバンブトンの三着に負けたが、ダイナナホウシュウに連勝した実力が評価されていた。二番人気がダイナナホウシュウで、タカオーは四番人気だった。ダービーのあとも休むことなく走りつづけたタカオーは、菊花賞前までに十三戦（五勝）し、函館記念では六十六キロを背負い、レコードで勝っている。飯原農場のハードトレーニングの賜物なのだろうが、想像を絶するタフさである。

ダイナナホウシュウは二千メートル以下でしか勝っていないこともあって、距離を不安視する声もあったが、ここで弾丸列車が本領を発揮する。最初はゆっくりと先頭に立ったが、徐々にピッチをあげ、向こう正面では後続を引き離して逃げていく。そのまま三、四コーナーをまわり、直線も独走した。天敵ミネマサに六馬身の差をつける圧勝だった。タカオーは四着、ダービー馬ゴールデンウエーブは七着だった。

菊花賞のあと、ダイナナホウシュウは十二月の阪神、一月の京都、そして二月の小倉とオープンを三連勝したが、四月の京都のオープンで三着に負け、脚部不安で春の天皇賞を断念している。屈腱炎の兆候もみられていた。

ダイナナホウシュウのいない天皇賞を制したのはタカオーだった。タカオーはそのあと三戦（一勝）し、公営南関東に移籍する。中央（国営）では二年間で四十六戦して二十七勝、ライバルのダイナナホウシュウとは四度戦い、一勝二敗、一先着だった。

秋に復帰したダイナナホウシュウは京都のオープンを五馬身差で逃げきると、京都記念（秋）と中山のオープンをレコードで勝った。そして目標だった天皇賞も逃げに逃げて、最後はファイナルスコアに鼻差まで詰めよられたが、なんとか凌ぎきった。

しかし、天皇賞に勝ったものの、脚元の状態は依然として芳しくなかった。出走すれば重い重量が課せられ、小柄でスピードのあるダイナナホウシュウには大変な負担になる。そのまま引退も考えられたが、一年後、ダイナナホウシュウは競馬場に戻ってくる。中山競馬場の新スタンド完成に合わせて創設された中山グランプリ（翌年から有馬記念）に出走するためである。復帰戦の京都のオープンは六十七キロを背負って勝ち、阪神大賞典も逃げきった。これで一年の休みを挟みながらの六連勝である。

一九五六年十二月二十三日、第一回中山グランプリ。出走馬は十二頭。ファン投票の締め切りが十一月十八日だったため、十一月十七日に復帰したダイナナホウシュウは推薦での出走になった。春秋の天皇賞馬（メイヂヒカリ、ミッドファーム）、三冠レースの勝ち馬（ヘキラク、ハクチカラ、キタノオー）、オークス馬フェアマンナと、一年のビッグレース優勝馬が顔をそろえ、そこにダイナナホウシュウが加わった。それまでは考えられなかった豪華なメンバーとなったレースで、メイヂヒカリにつぐ二番人気となったダイナナホウシュウはスタートから先頭に立って逃げた。結果は、メイヂヒカリが勝ち、ダイナナホウシュウは十一着だったが、一周めの直線を先頭で通過するときには新スタンドを埋めた観衆から大歓声がおくられたという。

そのスタンドの群衆のなかに、この日はじめて競馬を見たという花田清輝（作家、文芸評論家）もいた。競馬好きの友人に誘われて中山グランプリの観戦にきたのだが、パドックで友人から教えられた「ダイナナホウシュウという逃げの天才」について、こんなふうに書いている。

〈その馬は黒馬で、ほかの馬のように素直ではなく、ときどき、列からはみだして、身をよじらせ、首をななめにつきだして、ふうッと荒い鼻いきをはきだすところなど、なかなか、個性ありげにみえた。〉（「勝った者がみな貰う」）

すっかりダイナナホウシュウが気に入ってしまった花田は、連勝や複勝は純粋ではないと感じて、払い戻した全額でダイナナホウシュウの単勝を買ったそうだ。山野浩一もダイナナホウシュウのファンだったと公言していたが、馬博士に「馬品に欠ける」と評された小さな逃げ馬に、文人たちは魅了されたのだ。

14

テスコガビー

テンよし、中よし、終いよし

青鹿毛のテスコボーイ産駒はデビュー前から評判になっていた。調教師は美浦トレーニングセンターの仲住《なかずみ》芳雄。デビュー戦を九馬身差で勝ち、京成杯三歳ステークス（現京王杯二歳ステークス）では二着に六馬身の差をつけた。タケノダイヤという、その牝馬が好きだった。テスコガビーの現役時代を知らないわたしは、プロフィールのよく似た天才少女に、あこがれの最強牝馬の姿を重ねながら見ていた。しかし、タケノダイヤはテスコガビーにはなれなかった。桜花賞は二番人気で四着、オークスは三番人気で十六着に大敗している。

タケノダイヤがいた一九八一年のクラシック世代は、テスコガビーの一九七五年世代によく似ていて、牝馬が強かった。桜花賞は「金襴緞子《きんらんどんす》が泥にまみれて」（杉本清）のブロケードが四戦無敗で逃げきり、オークスは朝日杯三歳ステークスと京成杯で牡馬のトップクラスを一蹴したテンモンが勝った。オークス戦線ではカバリエリエースとエイティトウショウも人気を集めた。カバリエリエースの母はカバリダナー、エイティトウショウの母はソシアルトウショウである。

テスコガビーは一九七二年四月十四日に北海道静内町の福岡巌牧場でうまれた。福岡牧場と牧場時代のテスコガビーについては福田喜久男（のちに『優駿』編集長）のレポート（『優駿』一九七五年六月号「桜花賞馬のふるさと」）をもとに書いていく。

福岡家は明治中期に兵庫県淡路島からの入植で、巌は入植三代めになる。競走馬の生産に着手したのは一九六〇年だという。当初はアラブ馬が中心で、テスコガビーの母のキタノリュウ（父モンタヴァル）は福岡牧場で飼養する三頭めのサラブレッドの繁殖牝馬だった。二十五戦一勝という成績だった牝馬を世話してくれたのは、おなじ静内の稗田実（稗田牧場）だった。稗田は名種牡馬ファバージやオグリキャップの父ダンシングキャップなどを導入した慧眼《けいがん》の人である。キタノリュウは二年めにテスコボーイを種付けされてテスコガビーを、その二年後には公営南関東の東京大賞典などに勝ったトドロキヒリュウ（父クロケット。五歳になって中央入りして天皇賞にも出走した）を産んでいる。

キタノリュウとテスコボーイの娘は真っ黒な青毛で、だれが見てもすばらしい馬体をしていた。うまれた一か月半後にはテスコボーイの初産駒ランドプリンスが皐月賞に勝ったこともあり、何人かの調教師が馬を見にやってきた。しかし、馬体のよさを誉めてくれたが「女じゃなあ」と言って帰っていった。

うまれて三か月ほど経ったとき、たまたまとおりすがった馬商の目が放牧地にいるキタノリュウの娘にとまった。

「お母さん、りっぱな男馬がいるねえ」

「あれは牝馬ですよ」

応対した福岡の妻は言った。

「女かい。でも、いい馬だねえ。ほんとうにいい馬だ」

まだ買い手は決まってないと言うと、馬商は「東京で馬を探している人がいるから、話してみる」と色よい返事をしてくれた。

その数日後、馬商は東京競馬場の仲住芳雄調教師を連れて牧場にやってきた。テスコボーイの当歳だとしか聞いていなかった仲住は、馬を見た瞬間「いい男馬だな」と思った。牝馬だと教えられても、仲住は迷うことなくひきとることを決めた。

「この馬で桜花賞に行きますよ。かならず桜花賞に勝ちますから」

仲住は上機嫌に言った。

キタノリュウの娘は東京在住の馬主、長島忠雄の所有になった。長島はとなりに住んでいたスイス人貿易商の娘ガビエルの愛称をとってテスコガビーと名づけた。

一歳の十一月になるとテスコガビーは青森県の明神牧場（のちに明成牧場）に預けられた。明神牧場は成宮明光調教師の妻の実家であり、ビゼンニシキなどの生産牧場として知られる。仲住芳雄はよくここに育成を頼んでいた。

二歳の三月に東京競馬場にやってきたテスコガビーはたちまち評判になった。牝馬とは思えないりっぱな体と軽快なフットワークは目を見張るものがあった。

仲住は茂木為二郎厩舎の菅原泰夫に騎乗を依頼した。ローカル開催を中心に乗っている中堅騎手だが、調教もまじめに乗ってくれる男である。

当初、テスコガビーは夏の新潟でデビューする予定だったが、ゲート練習中に腰をぶつけたために九月の東京にずれ込んでいる。それでも七馬身の差をつけて勝つと、二戦めの三歳ステークス（東京）も楽勝し、京成杯三歳ステークス（中山）では六馬身差、レコードタイムで逃げきった。

しかし、目標にしていた朝日杯三歳ステークスは発熱で回避している。テスコガビーのいない朝日杯は牝馬のマツフジエースが勝った。この世代のクラシックは、とくに関東では圧倒的に牝馬上位で進行していた。

一九七五年。テスコガビーは京成杯から始動した。二か月半ぶりのレースでも単勝一・六倍の人気に支持され、スタートから先手を奪い、直線では内からイシノマサルが並びかけてきたが、そこからいま一度伸びて勝利している。頭差と着差は小さかったが、スピード馬と思われていたテスコガビーがあらたな一面をみせたレースでもあった。

つづく東京四歳ステークス（現共同通信杯）では、二冠馬となるカブラヤオーと顔を合わせた。騎手はともに菅原泰夫である。『名馬を読む3』のカブラヤオーの項でも書いたが、このとき、師匠の茂木が「自分の厩舎の馬（カブラヤオー）はいつでも乗れるが、テスコガビーのような馬には滅多に乗るチャンスはないんだから」と、菅原にテスコガビーに乗るよう勧めたのだという。しかし、菅原が乗ったテスコガビーは、弟弟子の菅野《かんの》澄男に乗り替わったカブラヤオーに首差で負けている。馬を恐がるために逃げなければいけないカブラヤオーに先を譲り、直線ではカブラヤオーが外にふらついてくるなど、難しいレースではあった。

ここまでずっとテスコガビーは牡馬を相手にしてきたが、はじめての牡馬限定戦となった報知杯阪神四歳牝馬特別（現フィリーズレビュー）をレコードタイムで逃げきっている。単勝支持率は八十八パーセント。配当は〝元返し〟の百円だった。

「この馬は〝テンよし、中よし、終《しま》いよし〟で、すべての面で超一流です」

テスコガビーのスピードと強さを目の当たりにして驚く関西の記者たちに向かって、菅原はのちに〝競馬用語〟となる名言で馬のすばらしさを表現した。スタートもよくダッシュ力もあり、レース中はリズムよく走り、ラストスパートもしっかりしている、競走馬の理想型がテスコガビーだった。

一九七五年四月六日、桜花賞。テスコガビーは三枠七番にシードされた。キタノカチドキにつづく二頭めのシード馬となったテスコガビーの単勝は一・一倍（支持率七十二・四パーセント）。レースはまさにひとり舞台で、杉本清の実況とともにいまも語り継がれている。

スタートしてすぐに先頭に立ったテスコガビーは前半の八百メートルを四十六秒二（当時としては速いペース）で飛ばして逃げた。追いかけてきた馬たちは三コーナーあたりから遅れはじめ、四コーナーをまわったときにはすでにセーフティリードを保っていた。直線に向いてスパートすると、さらに差を広げていく。

「うしろからはなんにも来ない！」と三度連呼した杉本が、名調子でゴールシーンを盛りあげる。

「赤の帽子ただひとつ、ぐんぐん、ぐんぐんゴールに向かう」

二着ジョーケンプトンには大差（一・七秒差）をつけ、優勝タイムは一分三十四秒九。スキップでもするような大楽勝で桜花賞レコードを書きかえてしまった。クラシックレースでの大差勝ちは顕彰馬にも選ばれているクリフジ（一九四三年菊花賞、八頭立て）とトキツカゼ（一九四七年オークス、六頭立て）しかいない。二頭の記録は戦中戦後の、競走馬の数が極端にすくなかった時代のものである。それを考えれば、テスコガビーの記録は比類ない大記録だといえる。この一戦だけでも、彼女は日本競馬史上最高の牝馬になったのである。

「恐れ入った、恐れ入りました」

ゴールした直後に杉本清が思わず口にする。見ていた人たちもおなじ気持ちだったろう。

桜花賞のあと仲住芳雄はそのままオークスに向かうつもりで調整していたが、テスコガビーはサンスポ賞四歳牝馬特別（現フローラステークス）に出走してくる。背景には馬主の長島忠雄の強い要望があった。

トライアルレースだというのに、東京競馬場には十一万人もの入場者があった。そのなかで体調不十分のテスコガビーは三着に負けた。直線でテスコガビーをかわして突きはなすカバリダナーを、ゴール前で仲住厩舎のトウホーパールが首差競り負かしたシーンは、波乱を超えた

〝事件〟でもあった。

体調が整わないまま走って負けたテスコガビーのダメージは思いのほか大きかった。肩や前脚に疲れがでて、立て直すまでに時間を要した。後年、仲住は「オークスではなんとか八十パーセントぐらいまではこぎ着けた」と吐露している。

それでも、八十パーセントの力をだせればテスコガビーにはじゅうぶんだった。スタートからいくらか強引に先頭に立つと、レース中盤はペースを落としてしずかに折り合い、直線ではトライアルの鬱憤をはらすように独走した。まさに「テンよし、中よし、終いよし」のレースで、二着に八馬身の差をつけている。二着にはいったのは菅原が所属する茂木厩舎のソシアルトウショウ、トウショウボーイの姉である。

圧倒的な強さで牝馬二冠を制したテスコガビーの表彰式には名前の由来になった少女も招かれ、馬に乗せてもらって記念写真におさまっている。菅原泰夫はカブラヤオーで皐月賞とダービーにも勝った。おなじ年に春のクラシックを完全制覇した騎手は日本の競馬史でひとりしかいない。

しかし、このあと脚を痛めて長い休養にはいったテスコガビーは、一年後にダートのオープン（東京）で復帰したが六着に敗れ、調教中にふたたび脚を痛めてしまった。それでも関係者は復活の望みを託してテスコガビーを明成牧場に送るのだが、一九七七年一月十九日、トレーニング中に心臓麻痺で倒れた。クラシックを戦った馬たちが牧場に戻ってこどもを産んだり、母になる準備をしていた、五歳の早春だった。

15

サッカーボーイ
テンポイントのように

最後の故障療養期間を除けば、サッカーボーイの現役生活はわずかに一年四か月でしかない。十一戦六勝、ＧＩは阪神三歳ステークスとマイルチャンピオンシップに勝っていても、若いファンには、ナリタトップロードやヒシミラクルの父というイメージのほうが強いかもしれない。だが、当時のファンにとっては、同世代のオグリキャップやスーパークリークにも負けない強烈な印象を残したランナーだった。

ひとつは容姿にあった。顔にはいくらか大きめの流星が流れている。体は小ぶりでも筋肉質で、金髪の尾とたてがみをなびかせてスパートする尾花栗毛は人の目をひきつけた。

サッカーボーイという、シンプルで覚えやすい名前もよかった。Ｊリーグブームがおきたときならば流行にのったベタなネーミングと思われたかもしれないが、サッカーボーイが活躍したのはＪリーグが発足する五年前だった。サッカー日本代表が中国に負けてソウルオリンピック出場を逃した〝雨の国立〟は、サッカーボーイが二勝めをあげたもみじ賞の一週間前である。

そしてなによりもファンを魅了したのは鮮やかな勝ちっぷりだった。直線で弾けたように突き抜け、独走するレースぶりは「弾丸シュート」と表現されたが、まさにそのとおりだった。逃げて圧勝する馬はよく見かけても、追い込んできて、直線でさらに差をつけるレースは滅多に見られない。


サッカーボーイは一九八五年四月二十八日に北海道白老町の社台ファーム・白老（現社台コーポレーション白老ファーム）でうまれた。

父のディクタスはフランスとイギリスで十七戦六勝、ジャックルマロワ賞（フランスＧＩ、千六百メートル）に勝ち、フランスで種牡馬になったのち、一九八〇年に社台ファームによって輸入されている。一年めの産駒から朝日杯三歳ステークスに勝ち、皐月賞二着、ダービー三着のスクラムダイナをだし、サッカーボーイは四年めの産駒になる、産駒は気性が激しく、総じてマイル戦から二千メートルぐらいを得意とする馬が多かったという印象がある。

母のダイナサッシュ（父ノーザンテースト）は九戦して未勝利の馬。その母ロイヤルサッシュ（父プリンスリーギフト）もイギリスで一戦して未勝利で、一九七三年に社台ファームに輸入され、日本での二頭めの産駒に中京記念に勝ったアスコットロイヤル（父エルセンタウロ）がいる。こう書くと地味な母系のようだが、サッカーボーイの三歳下の妹ゴールデンサッシュ（父ディクタス）はステイゴールドの母になる。個性的ですぐれた種牡馬をだす母系ということもできる。

サッカーボーイがマイルチャンピオンシップに勝ったあと、『優駿』の編集者だったわたしは、牧場撮影に同行して社台ファーム・白老をたずねている。当時の白老牧場には繁殖牝馬が八十頭ほどいて、生産が中心の牧場だった。海沿いに広い放牧地があり、サッカーボーイも離乳するまでここで過ごしている。場長の大須賀康忠に話をきくと「うまれたときから小さく、とくべつ大物という印象はなかった」ということだが、育成を手がけた社台ファーム・空港牧場（現ノーザンファーム空港牧場）の場長、大沢俊一の評価は一転して、「乗ってみるとぞくぞくするほどの大物感があった」という。

サッカーボーイはクラブ法人の社台レースホースの所属馬になった。当時の社台レースホースはクレジットカード会社の日本ダイナースクラブと提携していて、初期の所属馬には「ダイナ」の冠名をつけていたのだが、一九八五年うまれの世代から冠名がとれている。サッカーボーイのほかに、ディクターランドやスマイルオンユー、スカーレットリボン、ミュゲロワイヤルなどの名前が並んでいる世代だ。

厩舎は栗東トレーニングセンターの小野幸治《ゆきはる》厩舎になった。小野は小林三雄三《みおみ》、小林稔親子のもとで騎手をつとめたのち調教師となり、一九八四年に開業すると、翌年にロングクイックで初重賞（愛知杯）を制していた。主戦騎手はデビュー四年めの内山正博になった。小林稔厩舎の所属で、小野の弟弟子にあたる。

サッカーボーイは大沢が語っていたように、体は小さいが乗ってみるとバネがあり、とにかく瞬発力にすぐれた馬だった。デビューは二歳の八月、函館の芝千二百メートルで、不良馬場になったが、九馬身差で逃げきっている。このときの二着は単勝オッズがおなじ二・二倍のトウショウマリオだった（票数の差でサッカーボーイが一番人気）。母はトウショウボーイの姉ソシアルトウショウで、エイティトウショウ、トウショウペガサス、トウショウサミットの弟という超良血馬は三歳になって京成杯に勝ってクラシックでも注目された逸材である。その馬をまったく相手にしなかったというだけでもサッカーボーイの天賦の才能を感じる。

二戦めは函館三歳テークスになった。キャリア一戦、一か月半の間隔をあけたサッカーボーイは三番人気で、先手を奪えずに後方からのレースになり、四着に負けている。勝ったのは三戦一勝で二番人気のディクターランド。父はディクタス、社台ファーム・白老の生産馬で社台レースホースの所属と、サッカーボーイとおなじプロフィールの馬だ。

このあとが冒頭でも書いた京都のもみじ賞である。一番人気に推されたサッカーボーイは中団に控え、直線でスパートすると、あっという間に抜けだして、二番手以下を突き放していく。ゴールしたときには、二着のラガーブラックに十馬身もの差をつけていた。ラガーブラックは二歳から三歳にかけてシンザン記念を含めて四連勝する馬である。さらに二馬身半遅れた三着はダイタクロンシャンで、こちらもデイリー杯三歳ステークスに勝つ馬である。この二頭はサッカーボーイの瞬発力をはかるには格好のものさしである。

このあとデイリー杯三歳ステークスを予定していたが、裂蹄《れってい》（蹄が割れて亀裂がはいる）で回避する。さいわい裂蹄は軽くすみ、二歳時の目標だった阪神三歳ステークスに向かうのだが、蹄の問題はその後もサッカーボーイ陣営を悩ませることになる。

一九八七年十二月二十日、阪神三歳ステークス。出走は十頭、サッカーボーイは単勝一・九倍と圧倒的な一番人気に支持されていた。二番人気はデビュー戦を五馬身差で勝ってきたメジロワースで、三・五倍。シリウスシンボリ、メジロラモーヌとクラシック馬をだして人気上昇中のモガミの産駒で、騎手もメジロラモーヌの河内洋である。

そのメジロワースがスタートで出遅れる。九番人気のアグネスカノーバが逃げ、サッカーボーイはもみじ賞と同様に序盤は中団に控え、四コーナーで先頭に立つと、直線はまたしても独走となった。ゴール前では内山の手綱がしっかりと押さえられ、それでも二着に追い込んできたダイタクロンシャンとの差は八馬身もあった。しかも、勝ちタイムの一分三十四秒五は従来の記録を〇・六秒も更新するレースレコードだった。

ここまで四戦三勝、二着につけた着差は合計二十七馬身！　翌日のスポーツ紙は「テンポイントの再来」という見出しで、その強さを称えていた。函館のデビュー戦からもみじ賞、阪神三歳ステークスと圧勝した栗毛の流星――テンポイントそのままである。阪神三歳ステークスを実況した関西テレビの杉本清もレース中にさりげなく「関西の期待サッカーボーイ」と口にしている。あきらかにテンポイントを意識してのことである。

サッカーボーイはこの年創設されたＪＲＡ賞の最優秀三歳牡馬にも選ばれた。関東では朝日杯三歳ステークスに勝ったサクラチヨノオーが四戦三勝、二着一回だったが、レースぶりではサッカーボーイが圧倒していた。記者投票でも大差がついての受賞となった。

一九八八年。クラシックをめざすサッカーボーイは三月の弥生賞から始動している。この年は中山競馬場のスタンド改修工事のために弥生賞も皐月賞も東京競馬場での開催となった。弥生賞には関東のエース、サクラチヨノオーも出走していたが、サッカーボーイは単勝一・六倍の一番人気に推されている。しかし、絶妙なペースで逃げたサクラチヨノオーに翻弄され、直線で外から追い込んできたが二馬身余届かず三着に終わった。二着はトウショウマリオだった。

東西のエース対決に敗れたサッカーボーイは、このあと蹄を悪化させ、皐月賞を断念せざるを得なくなる。その皐月賞はスプリングステークスに勝って五戦四勝のモガミナインが一番人気になったが六着。勝ったのは九番人気のヤエノムテキで、二着は十四番人気のディクターランドという波乱になり、二番人気のサクラチヨノオーは三着、三番人気のトウショウマリオは五着だった。サッカーボーイがでられていたら、とつい考えてしまう。

あらためてダービーをめざすことになったサッカーボーイは、騎手を内山から河内洋に替えてNHK杯に出走してくる。しかし一番人気で四着。勝ったのはマイネルグラウベンで、二着メジロアルダン、三着コクサイトリプルと、ダービーに向けてあらたな強豪が台頭してきたが、菊花賞に勝つスーパークリークは骨折休養中で、笠松競馬場から中央入りして連戦連勝のオグリキャップはクラシック登録がなかった。一九八五年うまれは、とにかくトップクラスの層が厚い世代だった。

そんな世代のダービーでサッカーボーイは一番人気になった。弥生賞三着、皐月賞回避、NHK杯四着という戦績の馬をファンは一番人気に支持したのだ。この事実がサッカーボーイという馬の魅力を物語っているのだが、ダービーではパドックから激しく入れ込んでしまい、まったくいいところなく後方のまま十五着に大敗する。勝ったのは小島太のサクラチヨノオー、首差の二着は岡部幸雄のメジロアルダン、そこから半馬身遅れての三着が柴田政人のコクサイトリプル。ダービー史に残る名勝負をうしろから見ているだけだった。思えば、テンポイントもまた春のクラシックはなにもできないまま敗れ去ったのだった。

しかし、サッカーボーイが人々を驚かせるのはここからである。

ダービーから一か月半後、サッカーボーイは中日スポーツ賞四歳ステークスに出走する。現在のファルコンステークスだが、当時は千八百メートルのレースだった。一番人気はヤエノムテキに譲ったが、直線で大外から一気に追い込んで優勝する。先に抜けだしたヤエノムテキとの差は半馬身でも、改修前の中京競馬場は直線が短かった。そこで追い込んで勝ったサッカーボーイは「復活」を強く印象づけ、デビューの地、函館へと向かう。

一九八八年八月二十一日、函館記念。当時、夏の北海道シリーズは札幌、函館の順に開催されていて、函館記念はGⅢのハンデ戦にもかかわらず、秋の天皇賞をめざす有力馬が多く顔を揃えるレースだった。現在の札幌記念のポジションで、歴代の優勝馬にもビッグネームが並んでいる。この年も二頭のダービー馬シリウスシンボリとメリーナイス、二冠牝馬マックスビューティなど豪華なメンバーが揃っていたが、三歳のサッカーボーイが二・二倍の一番人気だった。

レースはメイショウエイカンを先頭に五頭が速いペース（千メートルの通過が五十七秒七）

で先を争う展開となった。そのなかで後方グループにいたサッカーボーイは、向こう正面で追いあげを開始すると、四コーナーでは外をまわって先頭に立っていた。あとはそのまま独走である。古馬との初対戦で、しかもGI並みのメンバーを相手にしながら、二着のメリーナイスに五馬身の差をつける圧勝だった。それに加えて、勝ちタイムの一分五十七秒八は二千メートルの日本レコードである。二年前の天皇賞（秋）でサクラユタカオーがつくった記録を〇・五秒も更新してしまったのだ。この記録は一九九七年にゼネラリスト（京都、一分五十七秒五）に破られたが、三十五年が過ぎた二〇二三年でもまだ函館競馬場のコースレコードとして残っている。

サッカーボーイという馬を語るとき、この函館記念が最高のパフォーマンスだという人は多い。相手やレース内容、そして驚異的なタイムをみればそれも当然だろう。

さて、中距離の重賞を連勝して完全に復活したサッカーボーイは、秋は菊花賞か天皇賞かで注目されていたのだが、ここでふたたび脚のアクシデントに見舞われてしまう。左前脚球節の捻挫だった。さいわい軽傷ですんだが、菊花賞にも天皇賞にも出走できなかった。

復帰は十一月二十日のマイルチャンピオンシップになった。函館記念から三か月ぶり、体重も十八キロ増えていて、決して万全の状態とはいえなかった。それでも一番人気に支持されるのがサッカーボーイである。

レースは驚きに満ちていた。レース序盤は後方を進み、三コーナーの坂の下りで前に進出するのだが、四コーナーではまだ四、五番手で、一見苦しそうにも見えた。ところが、そこからサッカーボーイの真価が発揮される。直線のなかほどで先頭のミスターボーイに並び、そのまま突き抜ける。二着に追い込んできたホクトヘリオスとは四馬身の差があった。わずか百メートルで四馬身の差をつけてしまったのだが、この間、河内は鞭をいれていない。圧巻の瞬発力である。

終わってみればあっさりと二つめのGⅠを手にしたサッカーボーイは、このあと有馬記念に向かう。

この年の秋はタマモクロスとオグリキャップの芦毛対決に人々の目が集まっていた。天皇賞はタマモクロスが勝ってオグリキャップ二着、ジャパンカップはタマモ二着、オグリ三着。タマモクロスは年内で引退が決まっているから、有馬記念が最後の対戦になる。そこにサッカーボーイと菊花賞馬スーパークリークが割ってはいれるかどうかがレースの焦点で、人気はタマモクロス、オグリキャップ、サッカーボーイ、スーパークリークとつづいていた。

ところがスタートでサッカーボーイにアクシデントがおきる。ゲート内で暴れて顔をぶつけ、出遅れてしまうのだ。その結果、体調不良が伝えられていたタマモクロスと二頭、最後方を進むかたちになった。それでも二周めの三コーナーから上がっていったタマモクロスを追いかけるようにして前にいく。

直線ではサッカーボーイも外からよく伸びてきたが前の馬たちには及ばなかった。いいポジションでスムーズにレースを進めたオグリキャップが追ってくるタマモクロスを半馬身差抑えて雪辱し、三番手でゴールしたスーパークリークは直線の斜行で失格となり、四番手で入線したサッカーボーイは繰りあがって三着になった。

この年、ＪＲＡ賞最優秀スプリンターに選ばれるサッカーボーイだが、有馬記念ではまたべつの可能性を見せた。本質はスピードと瞬発力を武器にするマイラータイプかと思われていた馬が、もしかしたらもっと長い距離にも適応できるのではないかと、翌年への楽しみを大きく膨らませたのだ。

しかし、みたび脚部不安を発症したサッカーボーイはついに引退を余儀なくされる。爆発的な瞬発力は諸刃の剣となって、四肢に大きな負担をかけていたのである。

種牡馬になったサッカーボーイは自身のイメージとは対照的に、ヒシミラクルやナリタトップロードといった重厚なステイヤータイプの産駒を送りだしている。その血の不思議さに驚きながら、わたしたちは、オグリキャップをめぐる戦いで盛りあがった一九八九年の競馬シーンを思いだし、どうしても考えてしまう。

もし、サッカーボーイがあと一年現役をつづけられたら――。

タップダンスシチー
ジャパンカップ史上最大着差

16

タップダンスシチーと佐藤哲三はスリリングなレースをしてくれた名コンビとしてわたしたちの記憶に残っているが、佐藤自身は「乗るのが嫌で嫌でたまらなかった」と言う。そしてタップダンスシチーとの関係を、

「お笑い芸人のコンビが、じつは仲が悪いみたいな感じだった」

と表現した。だから、馬が引退したときは寂しさを感じたけれど、タップをかわいいと思ったことはない、とも言うのだ。

「タップもぼくを嫌いだったと思う」

実際、佐藤が馬房に近づくと目の色を変えて噛みにきた。引退して九年後に中京競馬場で対面したときも佐藤を嫌うそぶりを見せていたというから、よほど嫌いだったのだろう。

「タップにとって、それぐらい調教って嫌だったんだなって思いました」

佐藤は笑った。

しかし、佐藤が乗るようになってからタップダンスシチーのレースパターンができあがった。速いペースで先行し、押しきるスタイルだ。ところが馬はゲートが嫌いで、いつも出遅れる不安をかかえていた。コーナリングもへただった。警戒心が強く、そのくせ反抗心も強い。集中力を欠くとまったく競馬にならないから、圧勝するかと思えば無抵抗なまま大敗もした。ファンからすれば、その落差がタップダンスシチーという馬の魅力でもあった。

それほどむずかしい馬を乗りこなすには佐藤なりの工夫があった。はじめて乗った朝日チャレンジカップは勝ったが、そのあとちょっとだけ負けるレースがつづいた。そのときに佐藤は敗因を考え、導きだした答えは「御《ぎょ》さないこと」だった。

「十のうち、八はタップに譲るから、二だけこっちによこせと」

八分はタップダンスシチーの走りたいように走らせ、残りの二分だけ、佐藤が主導権を握っていたという。やりたい放題にボケる相方の気分を損なわないようにしゃべらせ、肝心なところで的確なツッコミを入れる。そんなコンビがうまれた。よりよいパフォーマンスを見せるために、ふたりの間にはやさしい感情など必要なかった。

タップダンスシチーは一九九七年三月十六日に、アメリカ・ケンタッキー州のエコーヴァレーホースファームでうまれた。二歳上の兄も日本に輸入されている。三勝をあげたクリプトシチー（父クリプトクリアランス）である。

父はジョッキークラブゴールドカップ（GI、ダート十ハロン＝約二千メートル）などアメリカで九勝したプレザントタップで、その父は懐かしのアメリカ二冠馬プレザントコロニーという血統。プレザントコロニーの産駒は芝、ダートを問わず、爆発力のある中長距離馬が多く、タップダンスシチーの走りはまさに偉大な祖父の血を受け継いだ印象がある。

母のオールダンスはアメリカにうまれ、フランスと北米で二十四戦して一勝という成績に終わった馬だったが、父は大種牡馬ノーザンダンサーで、七歳年下の妹にはアメリカの名牝ウイニングカラーズ（父カロ。その父は日本で種牡馬になったフォルティノ）がいる。ウイニングカラーズは一九八八年にケンタッキーダービーに優勝した馬だ。ちなみに、このときの二着はフォーティナイナーで、六着ブライアンズタイム、七着シーキングザゴールドと、なじみの種牡馬の名前が見られる。華やかな流行血統ではなかったが、一九八〇年代の競馬ファンのこころをくすぐるような馬名が見え隠れするのがいい。

馬主はクラブ法人の友駿ホースクラブ。「〇〇〇シチー」という馬名でなじみのある〝一口馬主〟の老舗である。タップダンスシチーは一口六万円で五百口、総額三千万円で発売された。投資というよりも趣味の範囲だが、生涯で十億八千四百二十二万一千円の賞金を獲得した馬からの見返りは大きかった。

タップダンスシチーは栗東トレーニングセンターの佐々木晶三厩舎で競走馬となった。佐々木がタップダンスシチーをはじめて見たのは一歳の秋だった。兄クリプトシチーを預かっていた関係から「馬を見てほしい」とオーナーサイドから打診されたのだが、タップダンスシチーは兄とはまるで違っていた。馬体は優雅で、いい雰囲気をもっていた。

「ぜひ、やらせてください」

即決だった。オーナーサイドに電話をいれた佐々木は、すぐに北海道浦河町の日進牧場に移す手筈を整えた。佐々木は預かる馬の多くを日進牧場で育成していた。日進牧場はホクトボーイやミホシンザンなどの生産牧場として知られる名門だが、軽種馬育成調教センター（ＪＲＡ日高育成牧場内にある公共の調教施設、通称ＢＴＣ）を利用して競走馬の育成調教に力をいれていた。

二歳になって佐々木厩舎にやってきたタップダンスシチーは、調教の動きからも将来性を感じさせていた。ただ、奥手なのか、気性面での幼さもめだっていた。じっくりと育てていこうと決めた佐々木は、デビューを三歳の春まで待つことにする。

二〇〇〇年三月四日に阪神の芝二千メートルでデビューしたタップダンスシチーは九着に終わったが、二戦めの新馬戦できっちりと勝ちあがった。四戦めには京都新聞杯に出走し、ダービー馬となるアグネスフライトから三馬身余の三着、二着とは鼻差だった。惜しいところでダービー出走を逃したが、三歳のトップクラスを相手に健闘したことで、佐々木はあらためて馬の可能性に自信を深めた。

それからおよそ二年。タップダンスシチーはゆっくりと坂道をのぼるように経験を積み、力を蓄えていった。同時に、パドックでもレースでも落ち着きを欠く精神面——これが一番の課題でもあった——を強化するために佐々木はさまざまな調教法を施した。

そして二〇〇二年秋、朝日チャレンジカップで最初の重賞勝ちをおさめる。騎手ははじめて手綱をとる佐藤哲三だった。それまで佐々木はタップダンスシチーにはできる限りトップクラスの騎手を乗せてきたが、一介の条件馬にひとりのトップジョッキーが乗りつづけるのはむずかしい。しかし、馬も重賞を勝てそうなところまで上がってきたし、そろそろ騎手を固定しなければと考えていたときに、たまたま空いていた佐藤が騎乗して重賞に勝った。勝ちっぷりもよく、佐々木は佐藤に主戦騎手を依頼した。タップダンスシチーの〝相方〟が決まったのである。

そして佐藤が乗って五戦めとなる有馬記念で、二分だけ佐藤に主導権を握られながらも八分の自由を与えられたタップダンスシチーは覚醒する。朝日チャレンジカップを勝っているといってもGIではまだまだ格下で、ブービーの十三番人気でしかなかったが、一番人気のファインモーションと激しく先を争い、暴走ともいえるハイペースで逃げながら、優勝したシンボリクリスエスから半馬身差の二着に粘ってしまったのだ（ファインモーションは五着）。

二〇〇三年。タップダンスシチーは六歳になった。春は金鯱賞に勝ち、宝塚記念も三着に粘った。夏を日進牧場で過ごし、栗東に戻ってくると佐々木が驚くほど成長していた。とくに課題だった精神面は「百八十度変わった」といっていいほどだった。

秋の初戦に選んだ京都大賞典のパドックでは、佐々木はいつものように厩務員とともに馬を引いて歩いていた。いままでのタップダンスシチーは二人引きでないとパドックを歩けなかったのだが、それがこの日はまるで違っていた。三周ほどまわったあと佐々木は馬から離れた。

それでもタップダンスシチーは落ち着き払ってしっかりと歩いていた。レースも完勝だった。春の天皇賞と宝塚記念を連勝したヒシミラクルを完封し、ＧⅠ制覇はタップダンスシチーの現実的な目標となった。

ところが佐々木は「天皇賞に行ってほしい」というオーナーサイドの要請を断る。タップダンスシチーは逃げ先行タイプなのに、スタートして最初の一歩、俗にいう〝二の脚〟が遅いのだ。だから、スタートしてすぐに二コーナーがある東京の二千メートルには不安があった。ＧⅠを狙うならばジャパンカップに全力投球したい。それが天皇賞出走を見送った理由だった。

二〇〇三年十一月三十日。この年のジャパンカップは日本馬の争いとみられていた。一番人気は前年の年度代表馬で秋の天皇賞にも勝っているシンボリクリスエス、二番人気が皐月賞、ダービーに勝った三歳最強のネオユニヴァース。タップダンスシチーは四番人気だったが、宝塚記念ではシンボリクリスエス（五着）にもネオユニヴァース（四着）にも先着していた。佐々木は人気の二頭を迎え撃つ気持ちでいた。事実、「生涯最高」と断言できる状態に仕上がっていたタップダンスシチーは、パドックでもあくびをするほどリラックスして歩いていた。

レースもまさに「迎え撃つ」走りだった。スタートから果敢に先頭に立ったタップダンスシチーは、向こう正面では二番手以下を大きく引き離して逃げている。ただの大逃げではない。馬には十分な余裕があった。

三コーナーをまわるころ、佐々木と一緒にレースを見ていた橋口弘次郎（二着ザッツザプレンティ）と瀬戸口勉（四着ネオユニヴァース）が観念したかのように言った。

「お前の馬が勝ったな」

四コーナーをまわって直線に向いた。そのとき佐々木は双眼鏡でシンボリクリスエスの動きを追っていた。本命馬が差をつめてくると思っていたが、逆に差は開いていた。それに気がついたときには佐々木は冷静さを失い、ただ叫んでいた。

「よっしゃあーー！」

ジャパンカップ史に残る大楽勝だった。二着のザッツザプレンティとは九馬身差。シンボリクリスエスはそれから四分の三馬身遅れた三着だった。それほどの楽勝だったと佐々木が気づいたのは、タップダンスシチーがゴールしてからだった。

佐々木とは対照的に、乗っている佐藤哲三は冷静だった。この日の芝は重馬場だったが、ほんとうのところ、タップダンスシチーはぬかるむ馬場は得意でない。ところがこの日はいつになく集中して走っていた。あとで思うと、走りにくい馬場を走るために集中力が高くなったのではないか、と佐藤は言った。

「タップの集中力がすごかったし、ぼくも、シミュレーションしたことが完璧にいった。さすがに最後の直線ではふらふらしていたけど、タップの心臓の強さと集中力で勝ったレースでした」

ジャパンカップを逃げきってＧＩホースとなったタップダンスシチーだったが、有馬記念では八着と惨敗する。大雪予報がでていつもより一日早く中山競馬場にはいることを余儀なくされたタップダンスシチーは、休養のための輸送だと勘違いしてしまい、レース前に戦う気力を失っていたのだ。ジャパンカップとは正反対で、スタートから集中力がなく、そのまま二千五百メートルを走ってきただけだった。

年があけて二〇〇四年。タップダンスシチーは七歳になっていた。普通ならば種牡馬になってもおかしくないが、ようやく本格化してきた状態で引退するわけにもいかない。それと、ジャパンカップに勝ったことで、佐々木には凱旋門賞挑戦という「夢」が膨らんでいた。その「夢」を実現するためには宝塚記念は絶対に勝たなければいけなかった。

有馬記念のあと日進牧場で一息入れ、金鯱賞をレコード勝ちしたタップダンスシチーは、絶対に負けられない宝塚記念もいとも簡単にクリアしてしまう。それも、三コーナー過ぎから先頭に立ち、そのまま逃げきってしまうのだ。なんとも強引なレースで、二着のシルクフェイマスとは二馬身の差があった。もし、鼻差でも負けていれば、騎手の佐藤に批判が集中しかねないレースだったが、終わってみればタップダンスシチーの強さばかりがめだっていた。

ジャパンカップを九馬身差で逃げきり、宝塚記念でも強さを存分に見せつけたタップダンスシチーは、りっぱな日本のチャンピオンホースとなっていた。そして佐々木の希望どおりに凱旋門賞に挑戦することが決まった。

佐々木は「夢」に向けて完璧なローテーションを組み、馬も順調に仕上がっていたのだが、フランスに発つ直前になって思いもよらないトラブルに見舞われる。予定していた輸送機が故障で飛べなくなってしまったのだ。代替機もないという。佐々木は泣く泣く「夢」をあきらめた。

ところがそこに、今度は、なんとしても凱旋門賞に出してくれという声がオーナーサイドに殺到する。クラブの会員やファンの応援ツアーも企画されていたのだ。そうした声に押される形で、急遽、成田空港に移動して渡仏することになる。一度は断念したうえに日程が大幅に遅れて、レースの二日前にフランスに着いたタップダンスシチーは体調も整わないまま十七着に終わった。

帰国したタップダンスシチーはさすがに疲労が激しかった。調教でもどこか上の空という感じで、気持ちも乗っていなかった。そうして迎えた有馬記念。コンビ仲は悪くても、佐藤は「悩める相方」をなんとかしてあげなければと思った。タップダンスシチーの長所を最大限に発揮するためにスタートから速いペースで逃げて、後続馬をバテさせる作戦をたてた。課題のスタートもうまくいき、先手を奪ったタップダンスシチーは気分も乗り、速いラップを刻んで飛ばしていたが、二周めの三コーナーで突然気を抜くようなそぶりを見せた。

「この前（凱旋門賞）、このへんで止まれたやん。もういいんちゃう」

そんなふうに言っているようだった。

「サボるな！」

佐藤は低い声で馬を叱った。佐藤は高い声はほめるとき、低い声は「だめだし」と使い分けていた。佐藤の低い声を耳にした瞬間、タップダンスシチーはまた真剣に走りだした。ハイペースで逃げたぶん余力がなく、最後はゼンノロブロイに抜かれ、半馬身差の二着に負けた。優勝タイムは二分二十九秒五だった。ゼンノロブロイの項でも書いたように、有馬記念が中山の二千五百メートルでおこなわれるようになって二〇二三年で五十八年になるが、二分三十秒〇をきって決着したのはこのときだけである。それをつくったのはタップダンスシチーであり、嫌いな相方からの「サボるな！」の一声だった。

タップダンスシチーはこの有馬記念を最後に引退し、種牡馬になることがオーナーサイドから発表されたのだが、事情があって引退は撤回され、八歳になっても現役をつづけた。金鯱賞では同一重賞三連覇という記録をつくったが、それ以外は往年の走りはついに見られなかった。結果的にGⅠはジャパンカップと宝塚記念の二勝だった。それでもすばらしい成績なのだが、わたしにはなぜか、二度の有馬記念二着のほうがタップダンスシチーらしい走りとして記憶に残っている。

エイシンヒカリ 斜め一直線に

17

向こう正面を過ぎたところでは二番手の馬とは十馬身以上の差があったろうか。最初の千メートルを五十八秒二で飛ばして逃げている。それからも差を広げながら、四コーナーをまわって直線に向いた。

ところが、逃げきり濃厚と思われた残り四百メートルという地点で様相が一変する。バランスを崩したのか、苦しくなったのか、馬が右へ右へと進路をとった。騎手は懸命に右鞭をいれていたが、どんどん外側に走って行く。まるで外埒がゴールと思っているかのようだ。

ラスト二百メートルで、後続の馬たちがインコースから追いついた、そのときだった。外埒のすぐ近くまで行ってしまった馬が前を向いて走りだすと、ふたたびスピードアップして、内側の馬たちを引き離してしまったのだ。ただ一頭、大外からゴールインしたときには二着との着差は三馬身半もあった。

まっすぐに走っていたら、いったいどれだけの差がついていたか——。

驚きと笑いが混在した、なんとも凄いレースだった。

二〇一四年十月十九日。この日、京都競馬場では秋華賞があり、オークス馬ヌーヴォレコルトを破ってショウナンパンドラが優勝したが、強く印象に残ったのは十分ほど前におこなわれた東京のオープン特別、アイルランドトロフィーだった。馬はエイシンヒカリ。多くのファンがそうだったと思うが、わたしも、いっぺんでこの個性的な逃げ馬の虜《とりこ》になった。


エイシンヒカリは二〇一一年五月三日に北海道新ひだか町三石《みついし》の木田牧場でうまれた。浦河と静内の間に位置する三石は、かつては稲作中心の地区だったが、国の減反政策などで競走馬の生産に転換した農家も多い。そのために小さな牧場が点在していて、木田牧場も木田隆満、圭介の父子で切り盛りしている家族牧場である。

木田牧場の生産馬には一九七〇年代半ばに公営南関東で一時代を築いたアラブの名馬ホクトライデン（十七戦十二勝）がいる。一九九二年に弥生賞に勝ったアサカリジェントも木田牧場名義だがこちらは独立した分場の生産馬で、本場を営む木田親子にとってエイシンヒカリがはじめての中央の重賞優勝馬となる。

わたしが木田牧場をたずねたのは二〇一五年の秋だった。六月のエプソムカップに勝ったエイシンヒカリが、秋の天皇賞戦線で有力視されていたころだ。当時、木田牧場には繁殖牝馬が十六頭いた。そのうち十頭が馬主からの預託馬で、エイシンヒカリのオーナー、栄進堂（代表・平井宏承《ひろつぐ》）からは八頭の牝馬を預かっていた（このとき、エイシンヒカリの母キャタリナはべつの牧場に移っていた）。

栄進堂（大阪府）は玩具の製造販売会社で、先代の平井豊光《とよみつ》（二〇一三年三月死去）が創業した。平井豊光は北海道浦河町の栄進牧場と岡山県真庭市の久世《くせ》育成センターを所有し、現役馬、デビュー前の馬、繁殖馬を合わせて三百三十頭ほどのサラブレッドを所有する日本屈指のオーナーブリーダーである。

木田牧場と栄進堂との付き合いはキャタリナにはじまった。キャタリナはアメリカのチャンピオンサイヤー、ストームキャットの娘で、平井豊光の所有馬としてアメリカで三勝した。引退後はアメリカの牧場に預けられ、七年めの産駒に日本で活躍した牝馬、エーシンクールディ（父ディストーテッドヒューマー）がいる。地方競馬のグランダムジャパン（牝馬の世代別重賞シリーズ）で二〇一一年、一二年と古馬シーズンのチャンピオンになった馬で、ちょうどこのときグランダムジャパンの取材をしていたわたしは、平井豊光に話をききたかったのだが、平井は体調を崩していて、会社をとおして書面での取材になった。キャタリナの娘で、馬体も良かったエーシンクールディは最初から期待していた馬だったという。のちに繁殖牝馬となったエーシンクールディは二〇二〇年の桜花賞三着馬スマイルカナの母となり、二〇二三年現在、木田牧場で繁殖生活をおくっている。

キャタリナはエーシンクールディを産んだあと日本に輸入され、木田牧場に預けられた。そして、ディープインパクトを種付けされて誕生したのが、母と姉とおなじ芦毛のエイシンヒカりだった。

「うちにいたときのエイシンヒカリはほんとにおとなしい馬で、先頭に立って走るようなこともなかったですね」

大逃げをしたり、直線を斜めに走ってしまうなんて想像もできなかった、と木田圭介は笑った。

エイシンヒカリは岡山の久世育成センターで育成、調教を施され、栗東トレーニングセンターの坂口正則厩舎にはいる。エイシンサニーでオークスに勝つなど、「エイシン」のメイン厩舎ともいえた坂口厩舎は、ＪＲＡと地方との交流重賞、海外重賞を含めて三十の重賞に勝っているが、そのうち二十勝が「エイシン」の馬である。

エイシンヒカリのデビューは三歳の四月二十六日、京都の未勝利戦だった。遅生まれということもあってか、仔馬のころは小柄で、体もあまり丈夫でなく、腰もしっかりしてなかった。坂口は馬の成長を待ちながら、ゆっくりと始動させたのだ。

デビュー戦は岩田康誠が乗って四番手から抜けだして快勝した。しかし、和田竜二が乗った二戦めは二番手でレースを進めていたが、馬が前に行きたがり、途中から先頭に立って逃げきった。それから二戦つづけて岩田が乗って、いずれも楽に逃げきっている。そして五戦め、岩田が秋華賞のヌーヴォレコルトに騎乗していたため、横山典弘に乗り替わったのが、冒頭に書いたアイルランドトロフィーである。

これで五戦五勝。あたらしいスターの誕生かと期待が高まっていたが、岩田に戻ったチャレンジカップでは直線でスタミナ尽き、九着に大敗してしまう。この年はデビューから八か月足らずで六戦した疲れもあったのかもしれない。

四歳の始動は五月京都のオープン特別、都大路ステークスとなった。たっぷりと休養をとったエイシンヒカリはあっさりと逃げきった。ここからオーナーサイドの要望もあって、主戦騎手は武豊になっている。

つづくエプソムカップは勝つには勝ったが、二着のサトノアラジンとは首差だった。左まわりでは右側にもたれるように走る癖があり、直線で外に行きたがる素振りを見せていたが、武がうまく御していた。

この日は、入れ込み対策として、パドックで深いブリンカーを装着させたのだが、それでもエイシンヒカリは落ち着かず、黒っぽい芦毛は汗に濡れて真っ黒だった。木田圭介は「よく黒鹿毛に間違えられるんです」と言って笑った。

「パドックで汗をかいてるので、よけいに黒く見えるんでしょうね。でも、キャタリナの系統はみんな晩成ですから、これからだんだんと白くなってくると思います」

姉のエーシンクールディも四歳になって中央で準オープンクラスまで上がり、笠松競馬場に移籍してから、五歳六歳でグランダムジャパンの古馬シーズンを連覇している。

エプソムカップから四か月ほど間隔をあけた毎日王冠は、二着のディサイファに一馬身四分の一差をつけて逃げきった。右にもたれる癖も矯正されたように思えた。ところが、つづく天皇賞ではスタートで躓《つまず》いてダッシュがつかず、逃げるクラレントの二番手を進まざるを得なくなる。その結果、直線に向いて先頭に立ちかけたところで失速、九着と大敗してしまう。逃げ馬の脆《もろ》さを露呈するかたちになった。

このあとエイシンヒカリは香港カップ（二千メートル）に臨む。栄進堂はかつて中国本土に工場を有していたこともあって香港遠征には積極的で、エイシンプレストンは香港で三つのＧⅠに勝っている。そういう意味で、予定どおりのローテーションだったが、天皇賞惨敗のあとだけに十三頭中九番人気と現地での評価は低かった。

だが、ここでエイシンヒカリの真価が発揮される。今回はいいスタートをきり、すんなりと先手を奪うと、自分のペースで飛ばして逃げる。四コーナーをまわっても手応えは抜群で、直線に向いてもスピードはまったく衰えない。ゴール前でヌーヴォレコルトが追いかけてきたが、武豊は手綱を押さえ、鞭を持った左手で何度もガッツポーズをしていた。

二着とは一馬身差でも、内容は完勝だったし、二分〇秒六〇は香港カップのレースレコードでもあった。木田圭介が言っていたように、「晩成型の血統」が四歳の秋になって花開き、はじめてのＧⅠを勝ちとったのだ。

二〇一六年。五歳になったエイシンヒカリの春の目標は香港のクイーンエリザベスⅡ世カップ（二千メートル）だったが、体調が整わずに断念している。坂口正則は千八百から二千メートルがエイシンヒカリの適距離と考えていた。ここまでの十一戦は千八百メートルで七戦、二千メートルが四戦である。しかし、宝塚記念の二千二百メートルはエイシンヒカリにはちょっと長く、日本国内では適距離の古馬ＧⅠは秋の天皇賞しかなかった（大阪杯がＧⅠとなるのは翌年）。

そのために適当なＧＩレースを求めて、ヨーロッパに遠征することになる。

最初は五月二十四日、フランスのイスパーン賞である。十七年前、エルコンドルパサーが二着になったレースで、通常はロンシャン競馬場の千八百五十メートルでおこなわれているＧＩだが、この年はロンシャン競馬場が改修工事中でシャンティイ競馬場の千八百メートルで開催されている。そしてここで、エイシンヒカリは生涯最高の、爽快な走りを見せるのである。

出走は九頭。不良馬場のなか、フランスのヴァダモスが先頭を奪い、エイシンヒカリは二番手追走を余儀なくされる。しかし、さすがに武豊である。おなじアンドレ・ファーブル厩舎にはフランスダービー馬で凱旋門賞三着のニューベイがいたから、ヴァダモスが逃げる展開も想定していたという。思えば、二〇〇六年の凱旋門賞ではファーブル厩舎の三頭がディープインパクトを囲むようにしてレースを進め、最終的にファーブル厩舎のエース、レイルリンクが優勝している。そうした経験もあっての準備だったのだろう。

ゆったりとしたペースでもエイシンヒカリと武豊は慌てることなく外の二番手で我慢し、そのまま最終コーナーをまわる。そして、直線のなかほどで先頭に立つと、そこから二着以下に十馬身もの差をつけてしまうのだ。恐ろしいばかりの瞬発力である。千八百メートルの優勝タイムが一分五十三秒二九もかかる、日本馬には重い馬場コンディションのなかで独走して、香港カップにつづく海外のＧＩ連覇である。

この一戦で、エイシンヒカリはＩＦＨＡ（国際競馬統括機関連盟）が格付けする「ワールドベストレースホースランキング」で、この時点で世界一位となる、百二十九ポンドという高いレーティングを獲得した。負かした相手を見ればそれも納得できるだろう。二着はガネー賞に勝ったばかりのダリヤンで、六着にニューベイ、最下位のイラプトもパリ大賞に勝ったGI馬である。さらに、三着のシルヴァーウェーヴはサンクルー大賞、四着のヴァダモスはムーランドロンシャン賞、五着マイドリームボートはイギリスのプリンスオブウェールズステークス、そして七着のモンディアリストはアメリカのアーリントンミリオンと、四頭がこのレースのあとにGIに勝っているのだ。

「秋にまたシャンティイ（凱旋門賞）に戻ってきたい」

そう語った武豊の気持ちがよくわかる。

このあと、エイシンヒカリはイギリス王室主催のロイヤルアスコット開催に向かい、プリンスオブウェールズステークスに出走したが、マイドリームボートの六着（最下位）に沈み、秋シーズンは天皇賞と香港カップでモーリスの十二、十着に敗れている。

一年をとおしての「ワールドベストレースホースランキング」では、エイシンヒカリは百二十七ポンドで、モーリスと並んで世界五位だった。一位はブリーダーズカップクラシックを勝ったアロゲートで百三十四ポンド、二位はドバイワールドカップに勝ち、ブリーダーズカップクラシック二着のカリフォルニアクロームで百三十三ポンド、三位はオーストラリアの名牝ウィンクス（この年は八戦無敗）で百三十二ポンド、そして四位がイギリスとアイルランドのチャンピオンステークスに勝ったアルマンゾルが百二十九ポンドと、いずれも二千メートル戦線のチャンピオンである。

あらためて思う。四戦一勝、三度の惨敗。この成績で世界五位にランキングされるのだから、イスパーン賞の走りがいかに衝撃的だったかよくわかる。直線を斜めに走ってしまったアイルランドトロフィーがそうだったように、ひとつの走りで人々を魅了してしまう馬。それがエイシンヒカリだった。

二〇一九年秋。新ひだか町静内のレックススタッドで種牡馬になっていたエイシンヒカリをたずねた。引退したときには外国からも問い合わせがあったそうだが、栄進堂の個人所有となっていた。種牡馬になって三年が過ぎ、生産界の人気は高かった。放牧地でのんびりするエイシンヒカリの体は白さを増していたが、スタッド職員に「気性」をたずねると、「荒いです」と即答した。

「競馬とおなじでやんちゃな感じですね。種付けも独特で、興味がない牝馬にはまったく興味をしめさない。興味をしめさないのはほぼ芦毛なんですけど（笑）」

しかし、二〇二〇年以降は種付け頭数も減り、翌年から浦河町のイーストスタッドに移っている。それでも、どこかで一頭、なにかとんでもないことをしでかす（期待を込めてこう書く）名馬を送りだしてくると、わたしは信じている。

第4章

砂の王者は世界をめざす

18 ライブリマウント ドバイ遠征第一号

一九九〇年代の半ば以降、ダートホースを取り囲む環境が劇的に変化していった。一九九五年には中央と地方で賞金を負担し合う交流レースがはじまり、二年後の一九九七年にはフェブラリーステークスがダートレースとして最初のＧⅠに昇格する。海外に目を転じれば、一九九六年にはアラブ首長国連邦のドバイで世界最高賞金となるドバイワールドカップが開催されている。

そんな変革の時代に日本のダートチャンピオンとして君臨したのがライブリマウントである。手綱を取ったのは二十代後半を迎えた石橋守だった。

石橋にライブリマウントの話をきいたのは二〇〇八年の二月だった。石橋は四十一歳のベテランになっていた。二年前にはメイショウサムソンでダービージョッキーの栄誉も手にしたが、十三年前のフェブラリーステークス（当時はＧⅡ）の感触はいまでもよく覚えていると言った。

「いろんな競馬場で乗せてもらって、いくつも勝たせてもらいましたが、フェブラリーのときが一番強かったと思います」

フェブラリーステークスに勝ったあと、ライブリマウントは地方との交流レースを三連勝し、第一回ドバイワールドカップにも出走している。ダート競馬の変革期に登場した名馬は、石橋に大きな自信と貴重な経験を与えてくれた。

「あの馬にはいろんなことを教わりましたが、一番勉強になったのは、馬の力を信じて、自信を持って乗るということです。思い出の馬というよりも、ぼくにとって、感謝する馬の一頭ですね」

ライブリマウントは一九九一年六月五日、北海道新冠町の若林牧場でうまれた。

父のグリーンマウントはフランスで十八戦し、千六百メートルで三勝しているが、重賞勝ちはない。それでも、ダンシングブレーヴなど多くの名馬を送りだしたリファールの産駒で、フランス二千ギニーなどGI三勝のグリーンダンサー（父ニジンスキー）の弟という血統が評価されて日本で種牡馬になった。

母のシナノカチドキ（父ファーザーズイメージ）は地方の南関東と上山《かみのやま》競馬場（山形県、二〇〇三年廃止）で四十一戦十勝という成績がある。オグリキャップの三人めの馬主として知られる近藤俊典の所有馬としてヒダカファーム（浦河町）で繁殖牝馬となっていたが、五頭の産駒をだしたのち、せりで若林牧場に買われた。ライブリマウントは若林牧場で産んだ三頭めの産駒である。

ライブリマウントがウインターステークスに勝ったあと、若林千代恵（若林牧場場主）が『優駿』（一九九五年二月号）に寄せた談話で、「ダート馬にはダート馬を」という考えからシナノカチドキの相手にグリーンマウントを選んだと語っている。血統だけでいえばグリーンマウントは芝向きのように思えるし、種付けされた一九九〇年は種牡馬になってまだ三年めである。初産駒がデビューを迎えようとする時期だったが、生産者ならではの情報や先見の明があったということだろう。事実、グリーンマウント産駒のほとんどがダートで活躍することになるのだ。

それはともかく、一九九一年に若林牧場でうまれた仔馬は日本軽種馬協会のデータベースに十三頭記載されているが、そのうち五頭がＪＲＡの重賞で活躍しているのである。ライブリマウントのほかにキョウトシチー（ウインターステークス、交流重賞四勝）、カミノマジック（七勝、ＪＲＡの重賞で三着五回）、マンノチャレンジ（五勝、中日新聞杯二着）、カルチョバンビーノ（四勝、愛知杯三着）と活躍馬が続出するのだから、一九九一年は大変な当たり年だったわけだ。それどころか、翌九二年うまれには、牝馬クラシック戦線に進んだユウキビバーチェ（チューリップ賞、オークス二着）とマキシムシャレード（デイリー杯三歳ステークス＝当時）がいる。

先の『優駿』の談話で、若林千代恵はこんなふうによろこびを語っている。

「去年（一九九四年）はどうしちゃったのでしょうね。重賞なんて一生勝てないと思っていたのが、ふたつも勝てるなんて」

若林牧場の生産馬が中央の重賞に勝つのはマキシムシャレードのデイリー杯がはじめてで、その二か月後にライブリマウントがウインターステークスに勝ったのだ。「どうしちゃったんでしょうね」となるわけだ。

ライブリマウントの馬主は加藤哲郎という。馬を持ちはじめて十年ほどになる加藤が、北海道の知り合いを介して購入したというライブリマウントは、栗東トレーニングセンターの柴田不二男厩舎に預けられた。

ライブリマウントが二歳になった一九九三年の秋、石橋守は柴田不二男厩舎の調教助手に声をかけられた。

「なかなか走る馬だから、乗ってくれないか」

馬はライブリマウントといい、来週の京都の新馬戦でデビューさせる予定だ、と調教助手はつづけた。

このとき石橋はデビュー九年めの二十七歳。デビュー年には新人最多の二十五勝をあげたが、その後は思うように勝ち星が伸びていなかった。それでも、前の年にミスタースペインで京阪杯と高松宮杯に勝って、飛躍のきっかけをつかんでいたときだった。

実際にライブリマウントに跨って調教をしてみると、思いのほかいい動きをする馬だった。これなら、そこそこやれるんじゃないかな――。

石橋のひかえめな感触と期待は、デビュー戦で簡単に覆された。不良馬場のダート千四百メートルで、二着に十馬身差をつける圧勝だった。「そこそこ」どころか「かなり」の可能性をもった馬だったのだ。

ただ、この時期のライブリマウントは骨膜炎（俗に〝ソエ〟と呼ばれる症状）がでていて、けっして万全の状態ではなかった。それでも、そのあとのダートの特別戦で二、三、一着という成績を残しているのだから、力があるのはたしかだった。

三歳の春。ライブリマウントはクラシックを意識して芝のレースに出走する。ダートとはいえ二勝しているのだから、サラブレッドにとって一生に一度の大舞台をめざしたいというのは人情だ。しかし、ダービー出走を賭けて臨んだ京都四歳特別で八着など、芝では三戦して六着が最高という成績に終わり、ふたたびダート路線を歩むことに決まった。

三歳の夏。ライブリマウントは札幌と函館で五戦して一勝、二着三回と、年上のオープンクラスの強豪と互角に渡り合っている。この夏、石橋は小倉で騎乗していたが、どうしても乗りたいという気持ちが強く、都合をつけて二回ほど北海道に駆けつけている。石橋が乗ったレースはともに二着だったが、馬が成長している手応えを感じとることができた。

北海道から帰ってきたライブリマウントは逞しく変貌していた。骨膜炎も完治し、筋肉がついた体はひとまわり大きくなった。春はまだ手前を替えるときにぎこちなさがあったが、それも厩舎スタッフが時間をかけて矯正してきたことですっかり解消されていた。

三歳の秋。ライブリマウントの快進撃がはじまった。函館以来二か月半ぶりのレースとなった花園ステークスを勝つと、三週間後のウインターステークスでは一番人気のバンブーゲネシスとの激しい競り合いの末、首差で初重賞を手にした。ライブリマウントの良さのひとつに、競り合いや混戦に怯《ひる》まない、強い精神力をもっているところがある。

勢いは止まらない。四歳になって初戦の平安ステークスも勝負強さを発揮して頭差で勝ち取って三連勝。「ダートチャンピオン」という具体的な目標が見えてきたライブリマウントの、つぎの標的はフェブラリーステークスである。一九八四年にダート重賞として創設されたフェブラリーハンデ（GⅢ）は、一九九四年からGⅡに格上げされ、名称もフェブラリーステークスになった。

一九九五年二月十八日、フェブラリーステークス。前年のJRA賞最優秀ダートホースに選出されたフジノマッケンオーが単勝一・九倍の圧倒的な一番人気に支持されていた。根岸ステークスなどダートは四戦無敗、芝でもダービー四着、皐月賞とマイルチャンピオンシップで三着という実力馬だから、当然の評価である。ライブリマウントは離された二番人気（五・四倍）だったが、石橋には自信があった。馬の力を信じて乗る。ただそれだけでいい。

レースは地方の新潟県競馬（二〇〇二年一月廃止）から参戦したオーディンの逃げではじまり、千メートルの通過ラップが五十九秒三というハイペースで流れた。ライブリマウントは中団グループのうしろを進む。フジノマッケンオーは先行集団の四、五番手にいたが、石橋はあくまでもライブリマウントのレースをすることに徹していた。

四コーナーをまわって直線。満を持して先頭に立ったフジノマッケンオーが失速し、三番人気のトーヨーリファールが前にでると、それを待っていたかのように外から追い込んできたライブリマウントが一気に抜き去り、二馬身突き抜けた。ゴール前では石橋の手綱が押さえられていたほどの楽勝だった。

レース後、石橋は自信たっぷりに言った。

「ハイペースでしたが、四コーナーの手応えがよかったので、なんとかなると思っていました」

中央のダート界の頂点に立ったライブリマウントの、ほんとうの活躍はここからだった。舞台は中央・地方の交流レースである。

四月。ライブリマウントは大井競馬場の帝王賞に出走、船橋競馬場の強豪アマゾンオペラ（ここまで十二戦十勝、二着二回）を一馬身退けて優勝した。ちなみにこのレースには、中央の逃げ馬ツインターボが参戦し三番人気に支持されていたが、スタートで出遅れ、そのまま大差の最下位に負けている。

さらに八月には北海道・旭川競馬場（二〇〇八年十月閉場）のブリーダーズゴールドカップに向かうと、中央のキソジゴールドに一馬身の差をつけて優勝。単勝一・五倍の圧倒的人気に応えた。

そして十月には、この年から指定交流レースとなった水沢競馬場（岩手県）のマイルチャンピオンシップ南部杯に参戦、〝岩手の怪物〟の異名をとったトウケイニセイ（通算四十三戦三十九勝、二着三回）との対決が話題となった。ライブリマウントが単勝一・七倍の一番人気となり、トウケイニセイは二・三倍と、完全に一騎打ちの様相だった。

両陣営とも相手は一頭と決めていたのか、逃げたヨシノキング（大井）のうしろを二頭は互いにマークし合うようにして進む。先に動いたのはライブリマウントだった。四コーナーの手前で先頭に並びかけると、直線で先頭に立ち、そのままヨシノキングを一馬身差突き放してゴールする。トウケイニセイは直線で伸びきれず、四十二戦めにしてはじめて三着に敗れた。

これで七連勝、重賞は六連勝。地方の強豪も退け、向かうところ敵なしの状態だった。十二月の東京大賞典（大井）ではアドマイヤボサツの四着に敗れたが、それでも一九九五年のＪＲＡ賞最優秀ダートホースに選出され、地方競馬のＮＡＲグランプリ特別表彰馬にも選出されている。

一九九六年。第一回ドバイワールドカップへの参戦を決めたライブリマウントは、そのステップレースとして川崎記念に出走したが、独走するホクトベガから六馬身ほど遅れた三着に負けている。勝ったホクトベガはここからダート重賞に七連勝する。

三月二十七日、ドバイ、ナドアルシバ競馬場。世界最高賞金のドバイワールドカップには五か国から十一頭がエントリーした。ダートの本場アメリカからはスーパーホース、シガーなど三頭、イギリスからはアイルランドのチャンピオンステークスに勝ったペンタイアがやってきた。迎え撃つ地元のドバイ勢は、この年のヨーロッパの最優秀古馬に選出されるホーリングなど四頭。世界の強豪が揃っていたが、やはりダートではアメリカが一枚も二枚も上だった。シガーが優勝し、アメリカ勢が三着まで独占した。ペンタイアは四着、ライブリマウントは六着と着順としては健闘していたが、シガーからは二十馬身近く離されていた。

付記すれば、二年後にはキョウトシチーがドバイワールドカップに出走、おなじ六着だった。一九九一年に若林牧場でうまれた十三頭から二頭がドバイワールドカップに参戦したのである。「どうしちゃったんでしょうね」と語った若林千代恵の談話どころではない快挙である。

ドバイワールドカップのあと、ライブリマウントは精彩を欠き、九戦して勝てなかった。引退後は北海道新冠町の優駿スタリオンステーションで種牡馬になり、六年間で四十八頭の産駒を送りだした。代表馬には船橋競馬場のダイオライト記念に勝ったミツアキタービン（笠松）がいる。このときの二着は天皇賞（春）を逃げきるイングランディーレだった。

種牡馬を引退したあと乗馬となったライブリマウントは、二〇一二年に公開された映画『のぼうの城』（監督・犬童一心／樋口真嗣）にエキストラとして出演していたという。二〇二二年八月に三十一歳で死ぬまで、功労馬としてオギオギ牧場（北海道新ひだか町）で余生を過ごしていた。

19

アグネスデジタル
驚愕のマルチランナー

アメリカ大リーグの大谷翔平の活躍で、「二刀流」ということばがメディアに氾濫している。とりわけスポーツでは、異なる競技やポジションでプレーする選手はもう、だれもかれもが二刀流である。

陸上の短距離と走り幅跳びで金メダルをとったカール・ルイスもいまなら二刀流と呼ばれたのだろうか。大リーグとNFL（アメリカンフットボール）のスター選手だったボー・ジャクソン（三振が多いのが玉に瑕だったが、この選手が登場したときには驚いた）とディオン・サンダース、昼はバスケットボールの独立リーグの試合に出場し、夜の世界タイトルマッチでKO勝ちしたロイ・ジョーンズ・ジュニア（ボクシングのミドル級からヘビー級まで四階級制覇）も、日本風にいえば二刀流のスーパースターということになる。現役のNFL選手で、クォーターバックでありながらランニングバックとしても機能しているラマー・ジャクソンなんて、全試合が「リアル二刀流」になってしまう。

競馬でも芝とダートで活躍する馬は二刀流と呼ばれることが多くなった。アグネスデジタルもその一頭だ。

「元祖二刀流、アグネスデジタル、死す」

二〇二一年十二月八日にアグネスデジタルが二十四歳で死んだとき、こんな見出しの記事が多く見られた。二歳の夏から六歳いっぱい走って三十二戦十二勝、芝とダートで六つのＧＩに勝ち、地方でも海外でも勝ったアグネスデジタルは、オールラウンダーと評された名ランナーだった。


アグネスデジタルは一九九七年五月十五日にアメリカ・ケンタッキー州の牧場でうまれた。生産したのはケイツビー・Ｗ・クレイとピーター・Ｊ・キャラハン。ふたりはクラフティプロスペクターを受胎したチャンシースクウォーという牝馬をせりで購入して出産させたのだが、この仔馬がうまれて間もなく牧場にやってきたのが白井寿昭だった。

一九四五年に広島県にうまれ、大阪で育った白井は、父の兄が馬主だったことから競馬が好きになり、立命館大学経営学部を卒業すると、親の反対を押しきって、調教師をめざして上田武司厩舎の厩務員となった。調教師になったのは一九七八年、三十三歳のときである。しかし、競馬社会の外からはいってきた若い調教師には有力なつてもなく、白井はいい競走馬を求めてアメリカに行くようになる。八〇年代半ば以降のバブル経済と九〇年代に推し進められたＪＲ

Aの外国産馬緩和策も白井のアメリカ行きを後押ししてくれた。

アメリカの牧場やせりにかよって仔馬を探しながら、世界的な名種牡馬を見学し、人脈も築かれていった。たとえば一九八九年にケンタッキーのせりで見た牡馬を白井は気になっていた。イギリスの三冠馬ニジンスキーを父にもつダンシングキイという牝馬で、落札したのは社台ファームの吉田善哉だった。その牝馬がやがてサンデーサイレンスの仔を出産したと知った白井は、すぐに社台ファームに行って「自分にやらせてほしい」と直談判している。白井は現役時代のサンデーサイレンスもアメリカで二度ほど見ていて、好きな馬だった。こうして白井厩舎に預けられたのがオークス馬ダンスパートナーである。

それからも毎年アメリカにかよっていた白井は、一九九七年の春も、オースミマックス（十七着）が出走した安田記念が終わるとそのまま成田からアメリカに飛び、ケンタッキーの牧場をまわり、四日間で数十頭の仔馬を見ている。そのときに出会ったのがチャンシースクウォーが産んだ仔馬だった。

決め手となったのは血統だった。父のクラフティプロスペクターの産駒にはダートの短距離での活躍馬が多く、母チャンシースクウォーの父チーフズクラウンはアメリカの二歳チャンピオンになった馬だ。さらに母系の祖母アリカンスはブラッシンググルーム（フランス二千ギニーなどGI五勝の名マイラー）の妹と、二歳三歳で活躍できそうな、スピード感たっぷりの血統ということになる。

このとき白井は、「アグネス」の冠名で知られる渡辺孝男が買う馬を探していた。渡辺からのはじめての依頼ということもあり、なるべく早く結果をだして、よろこんでもらえる馬ということで目をつけたのがチャンシースクウォーの仔だった。牧場サイドの言い値は二十万ドルだったが、白井は十パーセント値切って十八万ドルで買ったという。輸送費や関税を含めて二千八百万円ほどになった。

日本に輸入されたアグネスデジタルは一歳の十一月から北海道門別町の日高大洋牧場で育成、トレーニングされている。アグネスデジタルの二歳上で、白井のもとでダービーに勝つスペシャルウィークの生産牧場である。

アグネスデジタルは二歳の九月に阪神のダート千四百メートルでデビューして二着、二戦めで初勝利をあげると、三戦めに芝の千二百メートルで八着に敗れ、それから四戦ダートを走って二勝、二、三着一回という成績をあげている。最初の四戦は福永祐一が乗っていたが、五戦めから的場均が主戦となり、川崎競馬場のGⅡ、全日本三歳優駿（当時）にも勝っていた。

白井の思惑どおりに早い時期にダートの短距離で結果をだしたアグネスデジタルだが、三歳の春はＮＨＫマイルカップを目標に芝の短距離重賞を使われている。日本で走ったクラフティプロスペクター産駒にはレディステラ（フェアリーステークス）やタイキウルフ（クリスタルカップ二着）など芝の短距離で活躍した馬もいた。しかし、クリスタルカップとニュージーランドトロフィー四歳ステークス（当時）は三着と好走したものの、ＮＨＫマイルカップは七着に終わった。

ここでいったん芝をあきらめ、ダートに戻ったアグネスデジタルは、四戦してGⅢの名古屋優駿（名古屋競馬場）とユニコーンステークスに勝っている。ダートで頂点を狙えるポジションまでのぼりつめてきたが、三歳の秋に突如、マイルチャンピオンシップに出走してくるのである。

「キャンターの歩幅が伸びてきてるので、もう一度芝を使ってみたらどうでしょうか」

調教を担当している白坂宗治《むねはる》から進言があったのだ。白坂は元騎手でスペシャルウィークの調教も担当していた、白井の信頼も厚い調教助手だ。白井は白坂の意見を聞き入れ、マイルチャンピオンシップにエントリーする。この判断がアグネスデジタルにとって大きなターニングポイントになった。

二〇〇〇年十一月十九日。日本中の競馬ファンを驚かせたあのマイルチャンピオンシップ、アグネスデジタルは単勝五十五・七倍、十八頭中十三番人気とまったく人気がなかった。レースの序盤も後方の十五番手を追走し、四コーナーでもまだ後方にいた。いま、映像を見直しても、ここまでのレースぶりは「芝のスピードについていけないダート馬」という感じである。

ところが直線、それもゴール直前にレースの模様が一変する。皐月賞二着で一番人気のダイタクリーヴァが先頭に立ってゴールインすると思われたとき、外から勢いよく追い込んできて、並ぶ間もなく追い抜いてしまったのがアグネスデジタルだった。芝で一度も勝ってない馬とはとても思えない、目の覚めるような追い込みだった。しかも優勝タイムの一分三十二秒六は当時のコースレコードである。

「最後の一ハロンはすごい脚でした」

さすがの的場均も驚いたようすだった。

「きょうの走りからも、マイルがぴったりですね。芝、ダートは問わないです」

しかし、驚愕のオールラウンダーの、ほんとうの姿をわたしたちが知るには、もうすこしの時間が必要だった。

二〇〇一年。芝のＧⅠホースとなったアグネスデジタルは京都金杯で三着となり、そのあとはフェブラリーステークス、ドバイワールドカップも視野に入れていたが、左前脚の球節炎で断念、目標を安田記念に切り替えた。

三月に的場均が調教師に転身したために、あたらしく四位洋文を主戦として迎えた京王杯スプリングカップは九着、安田記念も十一着と散々な結果に終わった。

芝で結果が伴わず、あらためてダート重賞に矛先を向けたアグネスデジタルは船橋競馬場の日本テレビ盃（ＧⅢ）を三馬身差で楽勝すると、ＧⅠのマイルチャンピオンシップ南部杯（盛岡競馬場）も三番手から直線で先頭に立ち、そのまま押しきってしまう。

やっぱりダート馬だ。マイルチャンピオンシップはフロックだったんだ——。

そんな声もきこえてきたとき、アグネスデジタルは天皇賞（秋）に出走してくる。ふたたび芝のＧⅠで、しかも、得意のマイル戦ではなく、二千メートルである。ダートでは千九百メートルの名古屋優駿に勝っているが、二千メートルのジャパンダートダービー（大井競馬場）は十四着と大敗していたのだ。

当初、白井寿昭の頭のなかには天皇賞という考えはなかったが、出走できるというので直前になってエントリーしたのだった。二千メートルをこなせれば、ジャパンカップダート、ドバイワールドカップと、この先の展望も大きく広がってくる。そういう意味でのチャレンジだった。

ところが、当時は天皇賞に出走できる外国産馬は二頭までで、宝塚記念に勝ったメイショウドトウが収得賞金順で一番手だった。アグネスデジタルは二番手だったことで出走に踏みきったのだが、三番手のクロフネは除外となった。ＮＨＫマイルカップの優勝馬でダービー五着という有力三歳馬がでられなくなると、ダートで賞金を積み重ねてきたアグネスデジタルにはファンやメディアから批判の声が向けられた。天皇賞のパドックでは四位洋文に野次も飛んでいた。

思わぬ騒動もあったが、ここでアグネスデジタルは、外野の声など吹き飛ばす、マイルチャンピオンシップ以上の走りを見せる。

雨、重馬場のコンディションのなか、レースはゆっくりと進んだ。二番人気のメイショウドトウが逃げ、それをマークするように一番人気のテイエムオペラオーと三番人気のステイゴールドも前にポジションをとった。四番人気の——といっても、単勝二十倍と、上の三頭とは大きく離れていた——アグネスデジタルは中団のうしろを進んでいた。

直線。粘るメイショウドトウを競り落としてテイエムオペラオーが先頭に立ったとき、芝の状態がいい大外からアグネスデジタルが追い込んできて、そのまま突き抜ける。春秋の天皇賞四連覇を狙ったテイエムオペラオーに一馬身の差をつける、大金星であった。

「パドックでは野次もありましたが、勝ってよかったです」

ファンの前での優勝騎手インタビューで、四位洋文は正直に自分の思いを口にした。このときデビュー十一年めの二十八歳。まだまだ若く、血気さかんな騎手だった。

ちなみに天皇賞を除外となったクロフネはダート路線に向かい、武蔵野ステークスとジャパンカップダートを九、七馬身差でレコード勝ちしている。そのクロフネもアグネスデジタルとおなじ二〇二一年に死んだ。これも縁なのか、死亡記事にはアグネスデジタルとおなじように「元祖二刀流」という表現が数多く見られた。

さて、天皇賞（秋）に勝ったアグネスデジタルは、当初の目標であったマイルチャンピオンシップでもジャパンカップダートでもなく、香港カップに向かった。

香港カップでアグネスデジタルは二番人気に推されていた。イギリスダービー三着、イギリスチャンピオンステークス二着などの実績があるトゥブーグ（ドバイ）が一番人気で、前年の優勝馬で香港では四戦三勝、二着一回の実績を誇るジムアンドトニック（フランス）が三番人気だった。一年前のマイルチャンピオンシップからは想像もできないほどの評価である。

レースもまた強かった。好スタートから中団の外にポジションをとったアグネスデジタルは、早めに動きだし、四コーナーをまわったときには先頭に立っていた。いくらか強引にも思えたが、頭差で食い下がるトゥブーグをねじ伏せるようにゴールインする。

この年、アグネスデジタルはＪＲＡ賞の最優秀四歳以上牡馬に選出されている。おもしろいことに、最初はダートホースという評価で、ダートでは重賞六勝、うちＧⅠ二勝という成績を残しているアグネスデジタルだが、ＪＲＡ賞の最優秀ダートホース（二〇〇一年はクロフネ、二〇〇二年はゴールドアリュールが受賞）には縁がなかった。

二〇〇二年。フェブラリーステークスから始動したアグネスデジタルは、中団から直線で外から抜けだして一番人気に応えている。まったく危なげない勝利だった。これでＧⅠ四連勝。それもダート、芝、マイルと二千メートル。さらには地方と海外と、まったく違う条件での四連勝である。これほどマルチな活躍をするランナーをわたしたちが目にするのははじめてだった。

このあと、アグネスデジタルはドバイワールドカップに参戦して六着、さらに香港に転戦してクイーンエリザベスⅡ世カップで二着になった。しかし、海外遠征の疲れもあって体調を崩してしまい、長い休養にはいっている。

二〇〇三年。六歳になってもアグネスデジタルは現役を続行した。十三か月ぶりのレースとなる名古屋のかきつばた記念（ＧⅢ）で四着となると、安田記念で一年四か月ぶりの勝利をあげた。レース序盤は中団の内をじっくりと進み、直線では馬群を割るようにして抜けだしてきた。二着のアドマイヤマックスとは首差だったが、内容は完勝だった。しかも、優勝タイム一分三十二秒一は東京競馬場のコースレコードだった。

しかし、これが最後の勝利となった。そのあとは宝塚記念に挑んで十三着、秋は船橋の日本テレビ盃二着、盛岡の南部杯五着、天皇賞（秋）十七着、そして引退レースとなった有馬記念が九着だった。勝てなかったが、オールラウンダーらしく、最後までさまざまな競馬場で、芝とダート、千四百メートルから二千五百メートルまで走り抜いた。

オールラウンダーといえば、わたしたちは顕彰馬に選ばれたタケシバオーを思いうかべる。スプリンターズステークスにも春の天皇賞にも勝ち、何度もレコードで走り、ダートでは大差のレコード勝ちもあり、重馬場にも強く、アメリカにも二度遠征した。アグネスデジタルは偉大な名馬にも勝るとも劣らないオールラウンダーであり、アメリカのスーパーアスリートたちのようなマルチな才能を見せてくれたランナーだった。

20

ヴァーミリアン
ダートＧＩ九勝

二歳から八歳まで走り、国内外で三十四戦十五勝。十三の重賞に勝ち、ＧＩは当時の最多となる九勝。地方競馬との交流レースを席捲した名馬である。のちにコパノリッキー（ＧＩ十一勝）やホッコータルマエ（ＧＩ十勝）に記録は塗り替えられるが、最初からダート路線を歩んでいた二頭とは違い、ヴァーミリアンはクラシックをめざしながら挫折し、ダート路線に転向した馬だった。

ヴァーミリアンは二〇〇二年四月十日に北海道早来町（現安平町）のノーザンファームでうまれた。父エルコンドルパサー、母スカーレットレディ（父サンデーサイレンス）という血統で、ノーザンファームのクラブ法人、サンデーレーシングの所有馬として栗東トレーニングセンターの石坂正《せい》厩舎にはいることになった。

石坂に話をきいたのは、ヴァーミリアンが引退して二年後だった。石坂厩舎にヴァーミリアンが預けられたのは、兄のサカラート（父アフリート）がいたからなのだが、石坂は「どうしてサカラートが自分の厩舎に預けられたのかわからない」と笑っていた。

サカラートが一歳のとき、石坂は厩舎を開業して四年めだった。石坂が調教助手をしていた橋口弘次郎厩舎から移籍してきたダイタクヤマト（スプリンターズステークスなど重賞三勝）が活躍していたときで、厩舎の成績もあがっていたころである。しかし、ヴァーミリアンの母スカーレットレディも祖母のスカーレットローズも美浦の松山康久厩舎で走っていた馬だったし、石坂も橋口厩舎もこの母系の馬とは縁はなかった。ただ、ひとつだけ理由らしきものを探せば、厩舎を開業した年に日高軽種馬農協の北海道七月当歳市場で見初めたハローサンライズ（二勝、馬主・株式会社松岡）が、たまたまスカーレットレディの妹でノーザンファームの生産馬だったことだろうか。

馬を託された理由はともかく、話がきてすぐにノーザンファームに行った石坂は、真っ黒でりっぱな体をしたヴァーミリアンをひと目見て気に入った。血統はもちろん、なにより見た目がよかった。これは絶対に走るな、と石坂は思った。

牧場での調教が進むと、ヴァーミリアンは期待どおりの動きをみせるようになっていた。二〇〇二年うまれのノーザンファーム産馬には三冠馬となるディープインパクトがいたが、調教でディープインパクトについていける馬はヴァーミリアンのほかに一頭しかいなかったという。それほどの馬だから、デビュー前から石坂はクラシックを強く意識していた。

二歳の秋を迎えたころ、兄のサカラートはダートで五勝をあげてオープンクラスに上がっていたし（その後、ダートのGⅡ、GⅢで四勝する）、ヴァーミリアン自身も調教ですばらしいタイムをマークしており、ダートに適性があるだろうとは思っていた。とはいえ、父はジャパンカップに勝って凱旋門賞二着のエルコンドルパサーであり、母系は元来が芝のスピード競馬で定評のある系統である。血統面の裏付けもじゅうぶんだったが、それ以上に、ヴァーミリアンはクラシックで戦える才能をもった馬だと石坂は考えていた。

事実、ヴァーミリアンにはそれだけの能力があった。武豊を主戦とし、二歳十月の京都千八百メートルの新馬戦を二番手から楽に抜けだして勝つと、そのあとオープン特別では二度二着となり、翌年のクラシックに向けてもっとも重要な一戦、ラジオたんぱ杯二歳ステークスを勝っている。

これでクラシックに行けるな――。

この時点で、石坂はクラシックでの活躍を確信したという。

しかし大きな期待をもって臨んだクラシック戦線は惨憺《さんたん》たる結果となった。武豊にはディープインパクトがいたために、北村宏司が乗ったスプリングステークスは十四着、ミルコ・デムーロに替わった皐月賞が十二着、そして名古屋競馬の名手・吉田稔を据えた京都新聞杯も十二着だった。

馬の体調は悪くなかった。それなのに結果がついてこなかった。ディープインパクトに勝つのは無理にしても、負けすぎである。二歳の成績が嘘のようだった。いったいどうなっちゃったんだ、と石坂は思った。

石坂はダービーを見送って休養させ、菊花賞をめざして出直すことにするのだが、秋になっても状況は変わらなかった。福永祐一に託した神戸新聞杯も十着惨敗、これで四戦連続で二桁着順である。

ここで、石坂もふんぎりがついた。菊花賞をあきらめ、ダートのレースを使うことに決めたのだ。オーナーのサンデーレーシングはクラブ法人で、出資する会員のなかには出走権があったのだからダービーや菊花賞にだしてほしかった人もいたに違いない。それでも石坂は、馬のことを考え、ダービーを前に休養にはいり、菊花賞も無理だと判断してダート路線に切り替えたのだった。

そうは言っても、ダートを使うのは芝で勝負にならないからである。ダートの適性は間違いなくあるし、それなりに走ってくれるだろうとは思っていても、ダートで大成するという確信が石坂にあったわけではない。

だから、武豊が戻って臨んだダート初戦、エニフステークスで鼻差とはいえ勝利したときには、「とりあえず、よかった」という安堵の思いが強かった。

ダート路線に矛先を向けたヴァーミリアンだが、二歳で重賞に勝ってはいたものの、本質は奥手の馬だったのか、クリストフ・ルメールが乗った四歳のフェブラリーステークスは同世代のカネヒキリの五着に敗れ、ジャパンカップダートも四着で、厩舎の後輩アロンダイトの後塵を拝している。

他方、地方競馬の交流ＧⅠではＪＲＡの出走枠は収得賞金の多いベテランで占められてしまい、新参者のヴァーミリアンはＧⅡを使いながら賞金を加算し、チャンスを待つしかなかった。それでも四歳の十二月にルメールで名古屋グランプリ（ＧⅡ）を勝つと、石坂は、

「来年の川崎記念に勝ったらドバイワールドカップに行きたいんですが」

とオーナーサイドに打診している。この時点でまだ交流ＧⅡに三勝しただけの馬である。「ドバイ」などと口にできる立場ではない。

それでも石坂には自信があった。ＧⅡで賞金を稼いだことで川崎記念に出走できるめどは立っていたし、でられれば勝てると思っていた。そして、地方のレースでもＧⅠのタイトルがあればドバイに招待されるだろうと考えたのだ。

勝利を前提として出走した川崎記念はひきつづきルメールが乗って六馬身差で勝った。目論見どおりにドバイから招待状が届き、オーナーサイドも遠征を承諾してくれた。

だが、意気込んで挑んだドバイではなにもかもがアウェーだった。日本の厩舎が要求することはほとんど認められず、調教も陽が昇って暑くなってからやらねばならなかった。そうしたなかでヴァーミリアンは七頭中四着だった。レースのレベルを考えれば健闘ともいえる着順だが、優勝したインヴァソール（二〇〇六年アメリカ年度代表馬）から十五馬身も離される完敗だった。

ドバイから帰ったヴァーミリアンはたっぷりと休養をとり、復帰した秋には武豊が主戦として戻り、ＪＢＣクラシック（大井）からジャパンカップダート、東京大賞典（大井）とＧⅠを三連勝している。いずれもまったく危なげのない勝利だったが、ＪＢＣクラシックは前肢の挫《ざ》

跖《せき》（石など固いものを踏んだり、脚をぶつけたりして蹄の底部におきる内出血）で出られるかどうか微妙な状態だった。結果は四馬身差で楽勝するのだが、レース前は出走取り消しも覚悟していたほどだった。

挫跖のアクシデントを乗り越え、中央のダート戦線の最高峰ジャパンカップダートも完勝したヴァーミリアンは押しも押されもしないダートチャンピオンとなっていた。国内のＧＩに限れば敵なしの四連勝である。

このころ石坂は、ヴァーミリアンを出走させるのはＧＩだけと決め、オーナーサイドにもそれを伝えている。それだけの誇りと威厳をもって走るべき馬だと思ったからだ。

走るのはＧＩだけ——。

そんな大胆なローテーションを組めたのはヴァーミリアンが飛び抜けて強かったからだが、ダートのＧＩが秋から翌年の春先に集中していたこともそれを可能にした。暑い夏にはたっぷりと休養をとり、春と秋に決められたＧＩを数戦するのである。同時に、クラブ側の理解もあった。ステップとしてＧⅡにでれば楽に数千万円の賞金を稼げたはずだが、定期的に充電期間をとりながら、ＧＩに集中することを優先させたのだ。

二〇〇八年。六歳になったヴァーミリアンは生涯最高のときを迎えていた。

石坂は前年とおなじく川崎記念からドバイワールドカップというプランを描いていたが、ここでちょっとしたアクシデントがおきる。川崎記念の前にフレグモーネ（傷口から細菌などがはいっておきる化膿疾患）によって出走取り消しとなるのだ。それでも早めに発見できたことで大事に至らないですみ、三週間後のフェブラリーステークスに出走している。千六百メートルという距離はいくらか短かったが、それでもマイル戦を得意とするブルーコンコルド（マイルＧⅠ五勝）に一馬身四分の三差をつける完勝だった。

これで国内ＧⅠ五連勝。ダートでヴァーミリアンを止められる馬はどこにもいなかった。アクシデントによるローテーションの変更と距離の不安があったフェブラリーステークスを快勝したことで、石坂は相当の自信と期待をもってドバイに遠征させた。ヴァーミリアンの状態はデビュー以来最高だった。

ところが、たしかな手応えをもって臨んだレースは、ひどく悔やまれる結果に終わった。最下位の十二着。優勝したカーリン（二〇〇七、〇八年アメリカ年度代表馬）からじつに四十馬身近く離された、屈辱的な大敗であった。

レースが終わり、引きあげてきたヴァーミリアンを見て石坂は惨敗の理由を知った。泥が詰まって目が開かないほどだったのだ。前半は先行馬のうしろのインコースを進み、途中で後退していったが、あのときに目に泥がはいってしまったのだろう。泥をかぶらないようなレース運びができていれば……、と思ったときはあとの祭りだった。最高の状態で臨んだだけに、痛恨の敗戦となった。

帰国後は前の年とおなじく休養にはいった。最初はドバイで大敗したダメージもあったが、たっぷりと休みをとったヴァーミリアンはＪＢＣクラシック（園田）から復帰し、逃げて粘る三歳のサクセスブロッケンを首差捉えている。着差こそ小さかったが、力を見せつけるような勝利だった。これで国内GI六連勝である。

しかし次のジャパンカップダート——エリザベス女王杯の落馬で右手を骨折した武豊に替わり、岩田康誠が乗っていた——で国内の連勝がストップする。東京競馬場でおこなわれていたジャパンカップダートは、阪神馬主協会の要請もあって、この年から阪神競馬場の千八百メートルとなったのだが、ダートの本場アメリカの競馬場が左回りであることを考慮しない変更には批判もおきた。そして、多くの競馬人が案じていたとおり、アメリカのフロストジャイアントが一コーナーをうまくまわれずに、ヴァーミリアンにぶつかってしまうのだ。結局、ヴァーミリアンはこの不利が最後まで響き、カネヒキリの三着に敗れた。付記しておけば、ジャパンカップダートは二〇一四年から左回りの中京競馬場の開催となり、国際招待レースではなくなり、名称もチャンピオンズカップになっている。

この敗戦を機にヴァーミリアンのリズムが悪くなり、つづく東京大賞典もカネヒキリの二着に負けている。怪我から復帰した武豊は重賞限定で騎乗していたが、直線の競り合いで首差敗れてしまった。カネヒキリにはついに一度も先着できなかったが、二〇〇八年のジャパンカップダートと東京大賞典に限っていえば、二度めのドバイワールドカップと同様に悔やまれる敗戦となった。

年があけて七歳になったヴァーミリアンは過去二年の経験から、ドバイ遠征は最初から考えていなかった。それで国内の初戦はフェブラリーステークスとなったが、六着に敗れている。距離が不向きだったことをべつにして、一年前のような勢いはなくなっていた。

このころから石坂の頭のなかには「引退」の二文字がちらついている。「ＧＩしか使いません」とオーナーサイドに宣言した以上、ＧⅡに勝ってお茶を濁そうなどという考えはなかった。ヴァーミリアンという希有な名馬に出会えたのだから、いかにしてＧＩロードをまっとうさせ、種牡馬として牧場に戻してあげられるか。それが調教師としての自分の責任だと石坂は思っていた。

それからはゆったりとしたレース間隔でＧＩを走りつづけた。七歳の六月には大井の帝王賞を完勝したあと夏休みにはいり、秋には名古屋でＪＢＣクラシック三連覇を達成した。

これでＧＩ八勝。ＪＲＡ所属馬としてはＧＩの最多勝記録である。

だが、ヴァーミリアンの力は確実に衰えていた。全盛期を百とすれば八十か七十ぐらいだった。つづくジャパンカップダートは八着に惨敗し、年末の東京大賞典も二着だった。

二〇一〇年。八歳になったヴァーミリアンは一月の川崎記念に優勝している。九つめのＧＩである。それがＧＩしかでないヴァーミリアンの最後の勝利となった。その後は、六月の帝王賞では福永祐一が乗って九着、引退レースとなったジャパンカップダートは武豊が乗って十四着だった。

二歳から八歳まで七年連続で重賞に優勝し、九つのＧＩを制した。生涯獲得賞金は十一億円を超え、十八戦連続でのＧＩ出走は、二〇一六年にホッコータルマエ（二十三回連続）に破られるまでの最多連続ＧＩ出走記録でもあった。いくつもの偉大な記録を積みあげたヴァーミリアンは、交流ＧＩを席捲した、先駆的な名馬であった。

21

トランセンド
もっとも感動的な二着

トランセンドをはじめて見たとき、安田隆行はのちにダートのＧＩをいくつも勝つような馬になるとは想像もしなかったと言った。安田に話をきいたのはトランセンドが引退した三年後だった。

「細身の体型で、とくべつ筋肉質でもなかった。どちらかといえば芝向きの、普通の馬でした」

トランセンドは二〇〇六年三月九日に北海道新冠町のノースヒルズマネジメントでうまれた。馬主はノースヒルズ代表の前田幸治である。

父のワイルドラッシュはアメリカの短距離ＧＩに二勝した馬で、産駒はダートや地方の活躍馬がほとんどだったが、母シネマスコープ（父トニービン）は安田隆行厩舎にいた馬で、短距離を中心に活躍し、五勝した。その母ブルーハワイ（父スリルショー）はサクラサニーオー

（アルゼンチン共和国杯など重賞二勝）の妹という血統になる。シネマスコープの産駒はみな安田厩舎からデビューしており、三歳上の姉サンドリオン（父コマンダーインチーフ）は紫苑ステークスに勝って秋華賞（七着）にもでている。

デビューは三歳の二月だった。トランセンドは体型からは芝向きに見えたし、調教の動きもよかった。しかし、安藤勝己を主戦に迎えて一番人気に推された京都の新馬戦（京都、芝千八百メートル）は二着に負け、つづく阪神の未勝利戦（芝千六百メートル）はフレグモーネで出走を取り消している。

一か月後、トランセンドはダートの未勝利戦で復帰する。血統面でも調教の動きからもダートは走るという自信もあり「一応ダートから行こう」ということになったのだが、予想どおりの楽勝で、つぎのダートの五百万下（現一勝クラス）も七馬身差で逃げきっている。

ダートでは相当強い馬だとわかった。しかし、関係者には芝への未練もあった。父はダート血統でも、母系には芝で活躍している馬が多い。まだダービーにもぎりぎり間に合う時期ということもあり、京都新聞杯に出走したが九着、完敗だった。

やっぱりダートだな——。

芝への未練を断ちきり、ここからはトランセンドはダート専門に使われていく。

まず七月の新潟の麒麟山特別を八馬身差で大勝した。しかも千八百メートル（稍重）の一分四十九秒五はそれまでの新潟の記録を大幅に更新するレコードだった。さらに新設重賞のレパードステークスも三馬身差で勝つ。タイムが遅くなる良馬場なのに、稍重で記録した前走のレコードと同タイムでの優勝だった。これには安田も驚いた。

しかし、その後はエルムステークス四着、武蔵野ステークス六着と振るわなかった。一月にデビューして、フレグモーネで休養しながら八戦も消化し、馬も疲れていたようだった。三か月ほど休みをとったトランセンドは、四歳二月の復帰戦（アルデバランステークス）を楽勝するのだが、つづくアンタレスステークスは八着に負けてしまう。勝つときの鮮やかさの反面、脆さがめだっていた。

そんなトランセンドにとって、ひとつのターニングポイントとなったのが五月二十三日の東海ステークスである。この日はオークスがあり、主戦の安藤勝己をはじめ、これまでトランセンドに乗ってくれた騎手はみな東京にいた。そのとき、たまたま空いていたのが藤田伸二だった。藤田に乗り替わったトランセンドは東海ステークス、船橋競馬場の日本テレビ盃と二着がつづいていたが、三戦めのみやこステークスを逃げきって勝った。

藤田が乗ってから逃げるようになったトランセンドは成績も安定してきた。安藤勝己は高いレベルで戦うために馬をうまく抑えて乗ってくれていた。しかし、あくまでも結果論だが、この馬にはそれが逆効果だったのだ。

じつはトランセンドには「怖がり」という意外な一面があった。調教を担当していた調教助手の山下久美《ひさよし》が教えてくれた。

「性格的に怖がりのところがあって、もまれ弱さは多少はありましたね。そういう面で逃げる戦術は合っていたんだと思います」

前に馬がいると怖がって力が発揮できない反面、逃げたときはめっぽう強かった。オールドファンならばカブラヤオーとかエリモジョージの話を思いだすだろう。なにがなんでも逃げるという馬には「怖がり」という馬がすくなくない。

二〇一〇年十二月五日、阪神競馬場、第十一回ジャパンカップダート。はじめてのＧＩに挑むトランセンドは一番人気に支持された。厩舎を開業して十六年になるが、調教師としてまだＧＩ優勝のない安田は緊張していた。重賞勝ち馬もトランセンドが四頭めだったし、ＧＩに有力馬をだすのもはじめての経験だった。

強気な藤田はレース前から逃げ宣言をしていたが、いいスタートをきったトランセンドはうまく先頭に立つ。

よし、これでやってくれるかな――。

安田は思う。藤田にはなにも言わなかったが、逃げるだろうなと思っていた。実際、いい感じで逃げていた。

逃げたトランセンドは強く、勝負強くもあった。直線では二番手で食い下がるバーディバーディを突き放し、グロリアスノアの追い込みを首差抑えた。

それからはいくつもＧＩを勝ち、何頭もの名馬を育てることになる安田だが、はじめて手にしたＧＩの勝利は、自分のなかでいちばん嬉しかったレースだと言う。

「自分にとってははじめてのＧＩ有力馬でしたし、すごく緊張して、それで勝った。ほんと、思い出深い馬です。トランセンドがでてから厩舎の成績がいっぺんに上がったしね」

GⅠ馬となったトランセンドはそのまま厩舎で休養し、翌年のフェブラリーステークスに備えることになった。このときオーナーサイドから「一応、ドバイに登録しておいてくれ」と言われていた。フェブラリーステークスの結果次第では遠征したいということだった。

二〇一一年二月二十日。フェブラリーステークスはドバイ行きもかかったレースとなった。しかし、安田には心配もあった。トランセンドはスタートからスピードに乗って逃げるタイプでなく、押して押して先頭を奪うタイプの馬なのだ。千六百メートルではスタートダッシュのいい馬も多く、うまく逃げられるかどうかが不安だった。

だが、充実期を迎えていたトランセンドには老婆心にすぎなかった。苦労することもなく先頭に立って逃げていたトランセンドに、三コーナー過ぎからマチカネニホンバレが馬体を並べてきたが、横にいる馬は怖がらない。そのまま逃げきって、追い込んできた船橋のフリオーソに一馬身半差をつける完勝だった。

これで中央のダートGⅠ二連勝である。胸を張ってドバイに向かえる。

しかし、三月十一日――。

このときトランセンドとともにドバイにいた調教助手の山下は日本でおきた震災をニュースで知った。東北の太平洋岸を襲った巨大地震と大津波の模様は現地のメディアも大きく報じていた。

この年のドバイには、ワールドカップのトランセンド、ヴィクトワールピサ、ブエナビスタ、シーマクラシックのルーラーシップ、UAEダービーのレザーバレットと、五頭の日本馬が遠征していた。各厩舎のスタッフは居ても立ってもいられず、袖と背中に国旗と「HOPE」とプリントしたポロシャツをつくり、「チーム日本」として調教に励んでいた。

レース前にドバイ入りした安田は調教のあとの朝食会でドバイ首長のシェイク・モハメドにあいさつすると、

「日本は大変なことになったな。レースでは頑張ってくれ」

と激励してくれたことに感激した。

藤田も名前の横に日の丸をあしらった「勝負ズボン」でレースに挑んでいた。ドバイに集ったたれもが、いつもよりも強く「日本」を意識していた。

三月二十六日、ドバイワールドカップ。人々の思いを感じたのか、トランセンドもすばらしい逃げを見せた。日本でのレースよりもスムーズに先頭に立ち、一コーナーから二コーナーと快調に飛ばしていく。

輸送も気にせず、はじめての飛行機のなかでもおとなしかったトランセンドはドバイに来てからの調子もよかった。おなじオールウェザーコースでもメイダン競馬場のタペタコースは栗東のポリトラックコースに比べていくらか重く、パワーも必要だったが、苦にしているようすもない。

このまま逃げさせてはまずいと思ったのか、向こう正面ではミルコ・デムーロが乗るヴィクトワールピサがすごい勢いで前に進出し、トランセンドの外に並んできた。それでもトランセンドは四コーナーを先頭でまわった。

直線は日本馬二頭の競り合いとなった。日本人にとって夢のようなゴールシーンだったが、トランセンドは半馬身差で負けた。

「ヴィクトワールピサとやり合っているときは勝ちたかったが、ゴールした瞬間は日本馬のワン・ツーでよかったと思いました」

記者に囲まれた藤田は笑顔で答えている。日本馬が勝ち、トランセンドも外国のビッグレースで二着にはいった満足感もあった。しかしそれでも、当然だが、あと一歩届かなかった悔しさのほうがずっと大きかった。

帰国したトランセンドは長い休養をとり、十月のマイルチャンピオンシップ南部杯で復帰する。この年の南部杯はＪＲＡが主催し、東京競馬場でおこなわれている。

休み明けでどんな競馬をするか不安と期待が入りまじっていたが、レースでは思わぬ苦戦を強いられた。エスポワールシチーに先頭を奪われ、二番手で進まざるを得なくなる。さらに直線では一度は突き放され、三番手まで下がってしまうのだ。

しかしそこからトランセンドは驚くべき走りを見せる。ゴール前で盛り返して、並んで伸びてきたダノンカモンを頭差でねじ伏せたのだ。二番手でレースをして、それでもしっかり勝てたのは大きな収穫だった。

ドバイの二着をはさみ、ＧⅠ三連勝という記録をつくったトランセンドにはもうひとつ課題が残されていた。地方との交流レースで無敵を誇っていた一歳年上の強豪、スマートファルコンとの対決である。一年前に一度、船橋の日本テレビ盃で顔を合わせて、そのときは地元のフリオーソが勝って、トランセンドが二着、スマートファルコンが三着だった。そのあと二頭は別々の路線を歩み、ともに三つのダートＧⅠに勝っていた。トランセンド陣営はとくべつ意識しなかったが、ファンやマスコミは二頭の対決を待ち望んでいた。

スマートファルコンはずっと地方競馬を舞台に戦っているため、雌雄を決するにはトランセンドが地方に乗り込まなければいけなかった。陣営は秋の最大目標であるジャパンカップダートの前に大井競馬場のＪＢＣクラシックへの出走を決めた。

レースはファンの期待どおりマッチレースになった。スピードでまさるスマートファルコンが逃げ、トランセンドは二番手を進む。ＧⅠとは言っても中央とは差があり、先行する二頭を脅かすような馬はいなかった。

コーナリングが下手なトランセンドは四コーナーで外にふくれ、その間にスマートファルコンとの差が開いたが、ゴール前でまた追いつめていく。しかし一馬身差及ばなかった。コースやメンバー構成、流れなどすべて相手に有利に働いたこともあるが、このレースに限れば完全な負けだった。

十二月四日、連覇を狙うジャパンカップダートはあいにくの大外十六番枠となる。それにたいして南部杯で先頭を譲ったエスポワールシチーは内枠（六番）だった。運がないな、と安田は思った。ＪＢＣであきらかになったように、二番手ではどうしても前の馬を意識して走りが乱れてしまうのだ。

だが、ここで藤田が勝負にでた。スタートすると手綱を押して馬に気合いを入れてダッシュし、内側の馬の騎手たちに自分が逃げると強く主張している。さらに、エスポワールシチーを含む三、四頭が先を争っていた一コーナーで、内側に切れ込むようにして先頭を奪いとったのだ。

このときトランセンドの内側にいたトウショウフリークとニホンピロアワーズの進路が狭くなるシーンがあり、レース後に藤田は七万円の過怠金を取られている。だれよりもフェアな騎乗を心がけ、フェアプレー賞の歴代最多受賞を誇る藤田がこれほど強引なレースをするのはめずらしい。それだけ、絶対に負けられないという気持ちが強かったのだろう。

逃げたトランセンドは強かった。三、四コーナーではエスポワールシチーが並びかけようとしたが、かまうことなく逃げ、直線で引き離す。内から追い込んできたワンダーアキュートに二馬身差をつける完勝だった。

歴史はまだ浅いが、ダート競馬の頂点であるジャパンカップダート（チャンピオンズカップ）を連覇した馬はトランセンドのほかにいない。

この年はダートのGI三勝にドバイワールドカップ二着を評価され、トランセンドは文句なくJRA賞最優秀ダートホースに選出された。付記すれば、スマートファルコンは地方競馬のNARグランプリダートグレード競走特別賞を二年連続で受賞している。

二〇一二年。六歳になったトランセンドは前の年とおなじくフェブラリーステークスからドバイワールドカップというローテーションが組まれていたのだが、それまでの強さが嘘のような敗戦がつづいた。

フェブラリーステークスは七着だった。おそらく年齢的なことだろう。藤田が促しても反応も鈍くなり、先頭に立てない。前の馬を怖がる性格は変わらないから、あっけなく負けてしまった。

ドバイワールドカップも最下位に沈んだ。外国馬の騎手は前年の走りを知っているから、絶対に逃げさせまいとして内と外からプレッシャーをかけてきた。弱点を突かれたトランセンドは見ているのもかわいそうなほどで、為す術なく後退していった。この年はスマートファルコンも出走していたが、スタートから前に行かせてもらえず、十着で終わっている。

帰国してからのトランセンドはドバイのショックが尾を引いて精彩を欠いた。肉体的な疲れよりも精神的なダメージが大きかった。結局秋は三戦して勝てず、引退が決まった。

トランセンドがチャンピオンに君臨した時間は一年余にすぎない。しかしそのなかで四つのGⅠに勝ち、ドバイワールドカップの二着は、なによりも感動的な走りだった。

マルシュロレーヌ デルマーの奇跡

22

二〇二〇年の夏、小倉。

三勝クラスの博多ステークスで二着になったマルシュロレーヌの調教を担当する岡勇策が、電話で矢作《やはぎ》芳人調教師と話をしている。話の内容はマルシュロレーヌの次走についてだった。いくつか候補があがったが、適当なのは、北海道に連れていくか、すこし間隔が開いてしまうレースだった。岡が言った。

「それなら中一週でいいレースがあるので、ダートに行きたいです」

「じゃ、そこに行ってみようか」

スタッフの意見に耳を傾け、積極的にとりいれるのは矢作芳人という男の懐の深さであり、矢作厩舎の原動力のひとつである。

岡勇策は滋賀県大津市でうまれた。家は競馬とは関係なかったが、父は競馬が好きで、小学生のころから競馬を見ていた。競馬ゲームでもよく遊んだ。馬に乗りたいと思うようになって、中学三年のときに栗東の乗馬苑にある少年団にはいった。栗東高校に進学して馬術をつづけ、卒業後にニュージーランドの厩舎に勉強に行った。帰国してから京都と滋賀の育成牧場で働いて、ＪＲＡ競馬学校にはいった。最初に働いたのは栗東トレーニングセンターの池江泰郎厩舎で、八か月ほどで定年解散となった。そのとき、矢作厩舎の助手に声をかけられた。トレセンにはいって一年にも満たない岡は矢作厩舎の人間とはまったく面識がなかったが、グランプリボスがＧⅠに勝ったころで、勢いに乗りはじめた厩舎では若い乗り手を探していたようだった。二〇一一年の春、岡は二十六歳になったばかりだった。

それから十年。岡は矢作厩舎の中堅助手として欠かせない存在となっていた。最初は持ち乗り（馬の世話をしながら調教にも乗る助手）だったが、二〇一七年からは「攻め専」と呼ばれる、調教専門の助手になっていた。

マルシュロレーヌは二〇一六年二月四日に北海道安平町のノーザンファームでうまれた。父は三冠馬オルフェーヴル、母のヴィートマルシェ（父フレンチデピュティ）はダートで九戦一勝という成績だが、その母は桜花賞馬キョウエイマーチである。母のヴィートマルシェがクラブ法人のキャロットファームの所有馬だったことで、マルシュロレーヌもおなじ勝負服で走ることになり、栗東の矢作芳人厩舎に預けられる。

激しい気性で知られたオルフェーヴルの産駒らしく、マルシュロレーヌは若いときからやんちゃで、矢作厩舎の担当者は何人か替わっていた。四歳になった二〇二〇年から厩務員の田代宗昭が世話をし、岡が調教に乗っている。普段はおとなしい馬だが、走りだすと急にスイッチがはいる。頑張って走ろうとして、走りすぎてしまうのだ。そこがこの馬の良さでもあるのだが、頑張りすぎないように走らせるのが岡の仕事で、それが大変だった。

マルシュロレーヌは三歳の二月にデビューしてからずっと芝のレースを使われてきて、博多ステークスで二着になるまで十二戦三勝、GⅢの福島牝馬ステークス（九着）とマーメイドステークス（六着）にも出走しているから悪くない成績である。しかし、岡は、調教で乗った感じではダートがよさそうだなと思っていた。血統もそうだし、斬れ味で勝負するタイプではないから、ダートのほうがもっと走れるんじゃないか――。

岡の提案をとりいれた矢作は、オーナーのキャロットファームの承諾を得てダートの桜島ステークスに出走させた。騎手は川田将雅《ゆうが》になった。たまたま川田が空いていたこともあったが、川田サイドから「乗せてください」と言ってきた。自分の提案でダート戦を使うことになり、岡は心配しながらレースを見守っていたが、マルシュロレーヌは直線でみごとに追い込んで勝った。

それから一年、ダートで八戦した。牝馬限定の重賞、大井競馬場のレディスプレリュード（GⅡ）とTCK女王盃（GⅢ）、川崎競馬場のエンプレス杯（GⅢ）に勝ち、ブリーダーズゴールドカップ（GⅢ、門別競馬場）にも勝った。ダートでは牝馬の最強クラスになったマルシュロレーヌを、矢作はアメリカのブリーダーズカップに挑戦させたいと思った。レースはアメリカの最強牝馬を決めるディスタフだ。第一回のプリンセスルーニーからレディーズシークレット、アゼリ、ゼニヤッタ、ロイヤルデルタ、モノモイガールといった名牝が優勝馬に名を連ねるレースである。途轍《とてつ》もなくレベルが高い。

ただ、二〇二一年のブリーダーズカップはサンディエゴ近郊のデルマー競馬場で開催される。アメリカ西海岸は日本からは近いが、ヨーロッパからの遠征馬は移動時間が長くなる。一九八六年にはヨーロッパの最強馬ダンシングブレーヴがサンタアニタパーク競馬場（ロサンゼルス近郊）のブリーダーズカップターフで四着に負けた。そういう意味で、ブリーダーズカップを取りにいくにはサンタアニタかデルマーというのが矢作の持論だった。

矢作からブリーダーズカップ挑戦の話をきいたオーナーサイドの返事は「ノー」だった。相手は大手クラブである。若い調教師ならばオーナーの意向に従うだろう。しかし矢作はあきらめない。およそ一か月、粘り強くオーナーサイドを説得した。最後は「矢作がそこまで言うならば……」という感じでアメリカ行きを承諾してくれた。熱意の勝利である。しかし、ゴーサインは出たものの、レトルースカ（ここまで二十二戦十七勝、GⅠ四勝）やマラサート（おなじく七戦六勝。ケンタッキーオークスなどGⅠ三勝）といった強豪が相手である。矢作の本音は「五着に来てくれたら大健闘」だった。

アメリカ遠征のプランは海外コーディネーターの安藤裕《ひろし》が練ってくれた。父の安藤忠代士《ただよし》は「セタノ」の冠名で馬を走らせていた馬主で、こどものころから競馬が好きだった安藤は騎手になりたかった。視力が悪くてＪＲＡの騎手にはなれず、イギリスのジョン・ゴスデン厩舎で働いたのちカナダで騎手になった。三年で勝ち数は百を超え、重賞にも勝った。いつか短期免許で日本で乗りたいと思っていた矢先、怪我を負い、騎手をやめることになる。帰国してからは横浜ベイスターズの通訳として三年ほど働き、縁があって競馬の海外遠征のコーディネーターをするようになる。二〇一三年に矢作厩舎のタイセイレジェンドのドバイ遠征を手伝ったのが最初の仕事だった。

アメリカにはノーザンファームしがらき（滋賀県）に勤務する獣医師、鶴町貴史も帯同していた。今回は矢作厩舎のラヴズオンリーユー（ノーザンファーム産）もフィリー&メアターフに出走を予定している。一般に獣医師が海外遠征について行くことはないが、ノーザンファームでは関連する馬の遠征には帯同させている。ただし、日本の獣医師は飛行機のなかでは治療ができるが、アメリカでは物理療法だけで、注射や薬の投与は現地の獣医師にオーダーしてやってもらうことになる。

鶴町は競馬にはまったく縁がない家庭にうまれ育ったが、動物が好きで、日本大学農獣医学部獣医学科に進むと、担任が馬術部の顧問だったことで軽い気持ちで馬術部に入部した。セレクションで入部したエリートが揃う強豪馬術部のなかで、乗馬経験もなく一般入試で入学した鶴町は馬術部の獣医師のような存在となり、大井競馬場の開業獣医師のもとで馬の臨床を勉強した。それが縁となって、大井競馬場の診療所で働き、オーストラリアに勉強に行ったりしているうちに、誘われてノーザンファームに入社した。二〇〇五年のことである。

主戦の川田将雅はラヴズオンリーユーに乗るためにアメリカに行っていたが、マルシュロレーヌはアイルランド人のオイシン・マーフィーに乗り替わった。ブリーダーズカップのような大きなイベントでは早めにいいジョッキーを押さえておくのが鉄則だし、オーナーサイドの要望もあった。安藤がマーフィーの通訳をし、矢作はマーフィーを家に招いて食事をするほど親しくしていたこともある。もうひとつ、大切なのがリスクマネジメントである。コロナのなかでも、ヨーロッパの騎手は特別ビザでアメリカに入国でき、マーフィーの渡米も早々に決まっていた。たいして日本のコロナ対策は厳しく、帰国後の隔離期間の問題もある。ジョッキーが陽性になったときはどうするか。最悪の事態も想定して準備しないといけない。

渡米するにあたっては、馬の疲労などを考慮し、美浦トレセンで出国検疫をし、成田からロサンゼルスに飛んだ。輸送はおよそ八時間。輸送熱などもなく無事にアメリカに到着する。ロサンゼルス空港からデルマー競馬場まで輸送し、競馬場で四十八時間の検疫を受ける。検疫の期間、馬は検疫厩舎内の通路を歩くだけで、スタッフは防護服を着せられる。

マルシュロレーヌははじめての海外遠征だったが、ドバイと香港に遠征した経験のあるラヴズオンリーユーの存在が大きかった。二頭一緒だったことで、検疫中でも馬も落ち着き、飼葉もよく食べていた。検疫があけてコースにでるようになってからも、一緒にいれば入れ込むこともなく、落ち着いて歩いている。ただ、マルシュロレーヌの姿が見えなくなるとラヴズオンリーユーが啼き、ラヴズがどこかに行くとマルシュが啼いた。お互いに相手を頼りにしていた。

安藤はまた、リードホース用の「ポニー」を手配していた。アメリカの競馬をよく知る安藤ならではの準備だったが、効果は絶大だった。おとなしいポニーのうしろをゆっくり歩くだけで、馬は落ち着く。乗っているのはメアリーという女性だった。両親ともポニーに乗っていたという〝ポニー一家〟で、じょうずに二頭を先導してくれた。マルシュロレーヌは当初、ポニーの前にでたりしていたが、すぐにうしろをゆっくりと歩くようになっていた。

「なんか、ポニー、いいっすね！」

今回は持ち乗りとしてアメリカにきていた岡勇策がうれしそうに言った。

「メアリーちゃんもかわいいっす」

馬がリラックスし、人もたのしそうに仕事をしている。これが矢作厩舎の強さである。

マルシュロレーヌの状態はよかったのだが、調教に乗る岡は苦労していた。栗東では坂路コースで乗っていたが、デルマーでは平坦のトラックで調教をする。毎日、毎日、マルシュロレーヌはひっかかった。

「やばい、止まらない！」

岡は押さえるのに必死で、毎日「筋トレ」をしているようだった。その姿を追う矢作もスタッフも笑っている。

ダートのレースに出走するマルシュロレーヌにはもうひとつ課題があった。蹄鉄をどうするかだった。小さなデルマー競馬場はコーナーがきつい。それでいてレースのペースは驚くほど速くなる。トップスピードでコーナーをまわるときに外にふくれないように、全周が五ミリ高いアウターリムというスパイク鉄をオーダーして用意していた。ドリフトしないように工夫した蹄鉄だ。装蹄は安藤がドバイで紹介された、「神様のような装蹄師」に依頼していた。その神様、ウェス・シャンペンが検疫厩舎にやってきた。腰も曲がりかけた、老人だった。

「この人、大丈夫なの」

不安になった鶴町が安藤に囁いた。

日本から用意してきた蹄鉄を見た神様が言った。

「むかしはそういう鉄を使っていたが、ここでは普通のスパイク鉄にしたほうがいい」

今回のマルシュロレーヌはあきらかに格下で、挑戦者だ。その馬がほかの強豪とおなじことをしていては勝負にならないし、なにか違う手を使わないと勝てない。矢作と鶴町はそう考えて、特殊な蹄鉄をつくっていったのだが、神様は全否定する。

「そんなことじゃない。問題は蹄の角度なんだ。おなじ五ミリでも、蹄尖部が高ければいいんだ」

矢作も鶴町もぽかんとして聞いている。通訳する安藤もわけがわからなくなる。「しかし、サウジではねえ……」と矢作が言えば、「ここはデルマーだ」と神様がはねのける。矢作と鶴町が何度も質問をし、神様も真剣に答えている。いつもは決断の早い矢作が長い時間考え、悩み、答えをだせないでいた。

「アメリカンファラオもジャスティファイもアロゲートも、普通の蹄鉄を使って、わたしが打って勝ってきたんだ」

錚々《そうそう》たるビッグネームが神様の口からとびだすと、矢作は観念したように言った。

「鶴ちゃん、これだけの名前をだされたら、もう従おうや。郷に入れば郷に従えだ」

神様のすごさを知ったのは、蹄鉄を打ち替えるときだった。どこで聞きつけたのか、ほかの検疫厩舎の装蹄師たちがやってきたのだ。

「外からでいいから、打つところを見させてくれないか」

そう言って覗いていているなかには、世界最高の厩舎、エイダン・オブライエン厩舎（アイルランド）の装蹄師もいた。神様はさすがだった。馬の蹄をパッと見ると、手際よく削蹄し、蹄鉄を打っていく。たしかにうまいなあ。だれもが見入っていた。

マルシュロレーヌは順調に調整されていたが、オイシン・マーフィーが乗った追いきりは失敗だった、と見ていた人たちは思った。レースのようなタイムをだしてしまったのだ。「日本ではいまでもこんな調教をやっているのか」と驚いたアメリカ人が矢作にきいてきたほどだった。

「コーナリングでちょっと失敗したけど、馬のコンディションはいいよ」

世界のトップジョッキーは意に介さない。

追いきりのあと、たしかに馬に疲れはあった。ところが、翌日、翌々日と、診察した鶴町が驚くほど馬が変わっていった。心臓の音も筋肉の張りも、毛艶までもがよくなった。アメリカに着いたときには、腹毛がなびくほど冬毛がぼうぼうに伸び「ことしの日本はそんなに寒いのか」と冷やかされていた馬とは思えなかった。

これならば、掲示板（五着以内）ぐらいはありそうだな――。

鶴町は思った。もちろん、勝てるとは思っていない。

二〇二一年十一月六日。デルマーの奇跡の幕があがった。

まず七レースのフィリー&メアターフをラヴズオンリーユーが勝った。直線の入り口で前に壁ができて苦しいかと思われたが、前の二頭の間を抜けでてきた。日本馬としてはじめてのブリーダーズカップ優勝だった。

さらに二時間後、十レースがディスタフである。マルシュロレーヌは十一頭中九番人気と評価は低かったが、ここで生涯最高の走りを見せる。レース序盤はうしろから三番手を進み、三コーナー過ぎで外をまわって勢いよくあがっていって四コーナーで先頭に立つと、そのまま押しきってしまうのだ。ゴールでは内から迫るダンバーロードとの際どい写真判定となったが、鼻差で踏ん張っていた。アメリカのダートGⅠ、それもブリーダーズカップに勝つという、とんでもない偉業を成し遂げたのだ。

レースの前から、矢作芳人厩舎のスタッフには絶対に勝つという意気込みが充ちていた。日本で最初にブリーダーズカップに勝つのはおれたちだ、とだれもが思っていた。鶴町貴史が太鼓判を押したように、二頭の状態も間違いなく上昇していた。待機馬房で鞍を置き、パドックに移動し、コースにでてスタートするまで、ポニーとともにどんな動きをするのか、しっかりと練習してきた。緊張も焦りもなく、みんなが笑顔で仕事をしていた。ラヴズオンリーユーに乗る川田将雅とも、マルシュロレーヌのオイシン・マーフィーとも、チームとして事前にしっかりと戦術を立て、ふたりともさすがの騎乗をしてくれた。

ゴールのたびにチームの面々は声のかぎりに叫び、歓喜し、抱き合い、泣いた。その輪にはアメリカの協力者たちも加わった。ポニーに乗ってリードしてくれたメアリーは号泣していた。装蹄師のウェス・シャンペンも祝福にきてくれた。

「こんなにあかるいチームを見たことがない。エネルギーが満ちあふれていた。勝つと思っていたよ。あなたたちの努力はすごかった」

神様が絶賛してくれた。

すべてのレースが終わり、検疫厩舎にひきあげてくると、みんな揃って記念撮影をした。偉業をなし遂げた二頭が顔を合わせ、中心にポニーが立つ。三頭を囲んで日米のスタッフが笑顔で並んでいる。

このあとマルシュロレーヌはサウジカップに参戦して六着。それを最後に引退した。

通算二十二戦九勝。手にしたＧⅠはひとつだが、それは日本の競馬史に燦然と輝く一勝だった。だから、アメリカ競馬界はエクリプス賞の最優秀古馬牝馬候補にノミネートして敬意を表し、地方競馬全国協会もＮＡＲグランプリ特別表彰馬に選出している。しかし、ＪＲＡ賞はなにもなかった。

第5章

ジャパンカップ・メモリーズ

23

メアジードーツ
衝撃の第一回

一九八〇年一月二十一日、日本中央競馬会理事長の武田誠三（元農林事務次官）が、「強い馬づくり」の一環として、国際レースを開催するプランがあると記者会見で語った。「強い馬づくり」とは一九七九年三月に理事長の諮問機関として設けられた馬事振興研究会のスローガンである。馬主や生産者、競馬に詳しい学識経験者らが世界に通用する馬をつくるにはどうしたらいいか議論し、その答申をもとに日本馬のレベルアップを図っていこうということだった。

馬事振興研究会は二年間で十回の会議を開き、一九八一年二月に最終答申を提出する。そのなかでとくに注目されたのは、将来の人材を育成する競馬学校の設立や馬の国際交流と国内（中央と地方）の交流の推進、レースの距離変更など競馬番組の改編といった競馬制度や慣行の改革である。一九八〇年代から九〇年代にかけての競馬改革はこの答申に沿って推し進められていくことになるのだが、そのさきがけとなったのが国際レースの新設だった。中央競馬会内では一九六九年から国際レースの開催が検討されていたが、結局頓挫し、棚上げになっていた。それが馬事振興研究会によってふたたび動きだしたのだ。

このとき、国際レース新設に向けたプロジェクトチームの中心として動いていたのは企画課課長の北原義孝で、通訳として国際課副長の稲田収次がサポートしている。わたしが北原から当時の話をきいたのは一九九六年の秋だった。ジャパンカップは十六回めを迎え、北原はＪＲＡの副理事長になっていた。

北原と稲田はまずアメリカに渡り、ロサンゼルスで主催者団体や競馬場の責任者に会い、有力な調教師やマスメディアからも意見を聞いて歩いた。さらにアルゼンチンとブラジルに足を運び、その帰りにはアメリカの東海岸とカナダをおとずれる。トップホースが来日しやすい時期、検疫の期間や方法、レースの距離と競馬場、日本の気候や芝の状態、賞金にかかる税金、年齢で半年の差がある南半球の馬の負担重量、飼料や使用できる蹄鉄の種類、馬の輸送方法と輸送時間、参加馬の選定基準など、各国の関係者からはさまざまな問題点や注文がだされた。それをもとに国際レースの計画案が作成され、秋にはオセアニアやアジアでサラブレッドを生産しているトルコとインドにもプロジェクトチームを送りだしている。

そして十一月二十七日に日本中央競馬会はジャパンカップの開催を公式発表する。

第一回は翌年の十一月二十二日、東京競馬場の二千四百メートルで、賞金総額は一億二千三百五十万円（一着六千五百万円）。これはおなじ年の夏にアメリカ・シカゴのアーリントン競馬場でおこなわれることが決まっているアーリントンミリオン招待（翌年からバドワイザーミリオン、総額百万ドル＝約二億二千万円）、そしてフランスの凱旋門賞（総額約一億三千五百万円）に次ぐ世界第三位の高額レースとなった。

招待馬はアメリカが四頭で、アルゼンチン、ブラジル、オーストラリア、ニュージーランド、カナダ、それにアジアのインドとトルコから一頭ずつ、合わせて十一頭以内になった。また一回めは慎重かつ確実に開催しようということでヨーロッパからの招待は見送られ、アジア・環太平洋地域の国際レースとなった。

当初、レース名は東京インターナショナルだったが、インターナショナルと銘打っておきながら来日馬が一頭や二頭では格好がつかないだろう、という意見がでてジャパンカップに変更されたのだ。また日程も秋の天皇賞との兼ね合いが問題となっていた。天皇賞は春だけでじゅうぶんだとか、伝統あるレースの開催時期を変更すべきでないという意見もあったが、最終的には天皇賞を十月末に移すことで落ち着いた。

ジャパンカップの開催が発表されると、プロジェクトチームはあらためて招待国をまわる旅にでる。ジャパンカップのピーアールと有力馬の勧誘であった。さらに一九八一年四月から五か月間、アメリカの競馬雑誌や新聞に広告を掲載してジャパンカップを売り込んでいった。とにかくアメリカからどれだけの馬が来日するかでジャパンカップの将来が決まるといってもいい。

そして九月一日に第一回ジャパンカップの予備登録が締め切られる。予備登録は無料ということもあり、アメリカの四十九頭を含む七十九頭が登録を済ませた。アメリカからは賞金王として日本でも名を知られたジョンヘンリーをはじめ、二冠馬プレザントコロニー、牝馬でケンタッキーダービーを制したジェニュインリスクなどアメリカのトップホースに加え、ワシントンDC国際の優勝馬アーギュメントやフランスオークス馬のミセスペニーなどヨーロッパで活躍する馬もアメリカ馬として登録してきた。すばらしく豪華な名前が並んでいたが、いずれも予備登録だけで終わり、最終的に来日したのはアメリカとカナダから三頭ずつ（カナダには他国の出走枠が割り当てられた）で、あとはアジアのインドとトルコであった（トルコ代表デルシムは調教中に故障して出走できなかった）。アルゼンチンからも一頭選出されたが検疫の関係で来日できず、翌年から南米は招待から外されている。予備登録馬のメンバーを思うと、格落ち感は否めなかった。

招待馬の勧誘には苦慮したが、アメリカ最高のジョッキー、ウィリー・シューメーカーの初来日が決まった（ペティテートに騎乗）。ザ・シューと呼ばれ、勝ち星は八千勝を超えているスーパージョッキーはジャパンカップの最大の目玉となった。シューメーカー側は来日の条件として賞金や騎乗手当てとはべつに法外なギャランティーを要求してきたが、競馬会はそれを断り、マネージャーの旅費と滞在費、それにシューメーカー夫妻のために観光旅行や高価なプレゼントを用意するなどＶＩＰ待遇をすることで来日を実現させた。

シューメーカーの話を書いていて、わたしは、一九九九年十一月にＪＲＡでおこなわれたマイケル・オズボーン（アイルランドのせり会社ゴフス社会長）の講演を思いだした。ドバイワールドカップの組織委員会の会長だったオズボーンは、第一回ドバイワールドカップの成功にはアメリカの最強馬シガーの参加が必要不可欠だったと語っていた。そのために、ペットも連れて行きたいというオーナー夫人のために便宜をはかり、ペットのための部屋も用意したと、笑い話として話していた。あたらしいイベントを成功に導くためには、世界的なビッグネームを招聘し、マスメディアの関心を集めるのが早道ということだ。

実際、十一月十七日にシューメーカー夫妻が来日したときには、成田国際空港に約五十人の報道陣がかけつけて大騒ぎになった。来日の模様をスポーツ紙は大きな記事で伝え、なかには「名前だけで売り上げが五億円アップ確実」というような記事もあるから、さすがにザ・シューである。

ところで、第一回ジャパンカップでは変わり種として話題になったのがインド代表の六歳牡馬オウンオピニオンである。ここまで四十戦二十七勝、「インドの最強馬」という触れ込みでの参戦だったが、大げさな記事が売りのスポーツ紙などは「インドのシンザン」と煽《あお》っていた。

そのオウンオピニオンはいち早く来日し、二週前の国際オープン（千八百メートル）に出走したが、七頭立ての五番人気で最下位だった。四百キロの小さな馬で、厩務員はターバンを巻き、馬の額には赤い飾りがあった。アメリカ産の三歳馬タクラマカンが楽に逃げきったのだが、オウンオピニオンの手応えが怪しくなって後退していっても、インドの最強馬に気をつかったのか、テレビのアナウンサーが「ここから伸びてくるか」というような実況をしていた記憶もある。

こうして第一回ジャパンカップを迎える。出走馬は十五頭、うち外国馬は七頭で、アメリカの六歳牝馬ザベリワンが一番人気になった。六十九戦二十二勝というタフな牝馬で、獲得総賞金はアメリカの牝馬として最高となる百万ドルを超えている。三月にはサンタバーバラハンデキャップというGⅠに勝ち、一年前のワシントンDC国際では凱旋門賞二着のアーギュメントに一馬身差の二着という実績があった。ワシントンDC国際には日本馬は一九六二年のタカマガハラから八頭（九回）挑戦し、一九六七年のスピードシンボリの五着が最高の成績だった。一年前にもハシクランツ（菊花賞二着）が招待され、ザベリワンから四十三馬身余離された八着（一頭競走中止で、実質最下位）だった。ちなみに、ジャパンカップ当日、ハシクランツは京都競馬場の京阪杯に出走して十着に負けている。

一方の日本勢は二頭のエース、ホウヨウボーイ（三番人気）とモンテプリンス（二番人気）が出走していた。二頭は一か月前の天皇賞（秋）で長い東京の直線をめいっぱいに使ったマッチレースを演じ、鼻差、レコードタイムでホウヨウボーイが勝っているが、このレースは一九八〇年代最高の名勝負として語り継がれている。二頭を含めて日本馬は八頭で、南関東の浦和競馬場から中央入りし、毎日王冠四着、天皇賞（秋）三着のゴールドスペンサーが四番人気になっていた。関西から出走したのは「根性娘」の愛称で人気があった四歳牝馬ラフオンテースだけだった。

十一月二十二日、秋晴れの東京競馬場には八万九千人余の入場者があった。競馬人気が低迷していた時期で、若いファンはすくなかった。競馬場はまだ悪いおとなの集まる場所というイメージがあった。あの日、わたしたちはホウヨウボーイの横断幕をスタンドに張った。名前の前には日の丸。わたしはモンテプリンスのファンだが、多数決で負けた。しかたない。

ただ、日本馬を応援する思いよりも、日本で国際レースを見られる高揚感のほうがはるかに大きかった。理事長が記者会見で国際レースの開催計画に言及してもまだ信じられなかったが、それが現実になり、無名とはいえ、アメリカの馬が日本にやってきて走るのである。

その高揚感とはべつに、予想記者も馬券を買うファンも迷っていた。基準がまったくないのである。アメリカはレベルが高いが、チャンピオンクラスではない牝馬や騸馬であり、国外で走るのははじめてで、日本に着いたのはレースの十日前である。日本の枯れはじめた野芝が合うのかどうか、平坦なアメリカのトラックと違って東京のコースは坂もある。おまけに調教も日本のように画一的でなく、各々が自由にやっていた。強い追いきりもなく、軽く乗っただけという馬もいた。調教タイムなどまったく頼りにならず、専門家の見解もばらばらだ。

その結果、馬券の売り上げは三十八億六千七百七十九万五千七百円にとどまった。これは一般の重賞程度で、第一回は見るだけというファンが多かったわけだ。中央競馬会は五十億円の売り上げを見込んでいたそうだが、それを大きく下まわることになった。

ジャパンカップは第九レースで、午後三時十分のスタートだった。タクラマカンがゲートをでてしまい、外枠発走になるハプニングもあったが、記念すべきレースはサクラシンゲキの逃げで幕を開けた。ダービー四着の実績があるが、ここまでスプリンターズステークスなど千二百メートル以下では四戦無敗の快速馬だ。このときの逃げでサクラシンゲキは「日の丸特攻隊」と呼ばれるようになるが、これは翌年夏の中央競馬会写真展で名馬の愛称をファンから募集する企画があり、それに入選した作品である。

そのサクラシンゲキをカナダの逃げ馬ブライドルパースが追いかけ、おなじくカナダのフロストキングが三番手を追走する。最初の千メートルのラップは五十七秒八、かなりのハイペースだ。モンテプリンスとザベリワンは中団、ホウヨウボーイは後方を追走している。

そのまま四コーナーへ。芦毛のフロストキングがサクラシンゲキに迫る。その直後にモンテプリンスもあがってきたが、ここまでだった。直線で先頭に立ったフロストキングを追ってくるのは外国馬ばかりで、真ん中から抜けだしてきたアメリカのメアジードーツがそのまま突き抜ける。フロストキングが二着に粘り、外から追い込んできたザベリワンが三着だった。四着もシューメーカー騎乗のペティテート。それから半馬身遅れてようやくゴールドスペンサーが五着になり、ホウヨウボーイ六着、モンテプリンスは七着だった。ホウヨウボーイはゲートで頭をぶつけて歯を折るアクシデントはあったが、それも言い訳のようにきこえてしまうほどの完敗だった。

サクラシンゲキを追いかけ、それでも二着に粘ったフロストキングも、ゴール前で追い込んできたメアジードーツとザベリワンは牝馬とは思えないほど力強く、外国馬の強さをまざまざと見せつけられた直線だったが、スタンドで見ていたわたしたちが驚いたのは優勝タイムだった。

二分二十五秒三！　あっさりとレコードが書き換えられてしまったのである。当時の二千四百メートルの日本レコードは、一九七六年にエリモジョージが京都記念（秋）でつくった二分二十五秒八（六十一キロのハンデを背負い、八馬身差で逃げきった）で、東京競馬場の二千四百メートルはグリーングラスが一九七七年一月にアメリカジョッキークラブカップで記録した二分二十六秒三である。

第一回のジャパンカップウイナーとなったメアジードーツは一九七六年四月にアメリカ・ケンタッキー州でうまれた。生産者はプレストン・マッデン、パトリック・マッデン兄弟で、ニューヨークの美術商アルノ・D・シェフラーに買われ、一九四三年に発表されたナンセンスソング「Mairzy Doats」から名前がつけられた。

父のノーダブルはアメリカで四十二戦十三勝、メトロポリタンハンデキャップ、サンタアニタハンデキャップなど九つの重賞に勝ち、一九六九、七〇年と最優秀ハンデキャップホース（牡馬）に選ばれている。種牡馬としては一九八一年に北米のリーディングサイヤーになるが、これはメアジードーツのジャパンカップ優勝によるところが大きい。母のアヴァランチェリリー（父ティーヴィーラーク）はアメリカで七戦して未勝利だった。

メアジードーツは二歳の十二月にデビューし、ニューヨークから西海岸と厩舎を移りながら走っていたが、最終的にはフロリダのジョン・W・フルトン厩舎に落ち着いた。来日するまで三十二戦十一勝、芝は十七戦八勝。フルトン厩舎に移ってからは芝のレースを中心に使われるようになり、この年はGⅢ二勝、GⅡ一勝、GⅠのサンタバーバラハンデ（サンタアニタ）ではザベリワンより五ポンド（二・三キロ弱）軽い重量だったが、鼻差の二着になっている。ジャパンカップではザベリワンにメディアの注目が集中し、メアジードーツは五番人気で単勝十一・二倍、人気の盲点だったともいえる。ジャパンカップの前には、馬主のシェフラーが「馬場が硬すぎる」と苦情を訴え、コースに水を撒《ま》かせたという話はよく知られている。発表は良馬場だったが、いくらか湿り気があったのは間違いなさそうだ。

日本人にとってメアジードーツの勝利がいかに衝撃的だったかは、母馬になって最初の産駒メアジーダンサー（父リファール、未勝利）と二頭めのハイブリッジスルー（父シアトルスルー）が種牡馬として輸入されたことでもわかる。メアジーダンサーはこれといった活躍馬はだせなかったが、ハイブリッジスルーは二〇〇三年の東京大賞典で二着になったコアレスハンター（十六勝）など、地方競馬で活躍馬を送りだしている。

また、このジャパンカップで驚かされたのはアメリカのジョッキーのレベルの高さである。シューメーカーばかりが注目されていたが、メアジードーツに騎乗していたのは十九歳のキャッシュ・アスムッセンで、ザベリワンの騎手も十七歳のリチャード・ミグリオーレだった。アスムッセンは翌年フランスに移籍し、フランスで五度リーディングジョッキーとなった。ジャパンカップやワールドスーパージョッキーズで何度か来日し、日本でもっとも有名な騎手のひとりになった。

レースが終わると新聞や雑誌にはジャパンカップに関する論評があふれた。何十年経っても日本馬はジャパンカップに勝てないだろうという悲観的な意見も多かった。ある程度予想も覚悟もしていたけれど、現実に力の差を見せつけられたことは競馬関係者には大きなショックだった。しかし、この敗戦が、「強い馬づくり」を進めていくうえでの大きな分岐点となった。

24

ハーフアイスト

ジョンヘンリーが走った日

大きなショックを受けた第一回ジャパンカップから一年が過ぎた。

第二回ジャパンカップはヨーロッパやオセアニアの馬も招待され、来日馬は七か国で十頭を数えた。アメリカ二頭、カナダ一頭、フランス二頭、アイルランド二頭、イタリアと西ドイツが一頭、そしてニュージーランドから一頭である。レース名が東京インターナショナルでもよかったのではないかと思えるほど（二〇〇〇年代にはいるとジャパンカップが正解だったことになるのだが）、国際色豊かなメンバー構成となった。ただし、ヨーロッパ諸国との検疫上の問題もあってインドやトルコは招待国から外されている。

この年の話題はなんといってもアメリカの英雄ジョンヘンリーの来日である。

日本中央競馬会は第一回のときもジョンヘンリー陣営と交渉していた。しかし、百万ドルレースとして話題となったアーリントンミリオン招待に優勝し、さらにジョッキークラブゴールドカップにも勝って獲得賞金世界一となったジョンヘンリーは、そのあとも十一月八日のオークツリー招待ハンデキャップの出走が決まり、日程的に来日が無理になった経緯がある。じつは、第二回のときもジョンヘンリーは十一月二十一日のハリウッドターフカップに出走を予定していたのだが、一転して来日が決まった。中央競馬会は二年がかりで招聘に成功したわけだ。しかも、主戦のウィリー・シューメーカーとセットである。

来日時、ジョンヘンリーは七歳で、六十八戦三十一勝、十一のGⅠに勝っていた。血統（父オールボブバワーズ、母ワンスダブル）に派手さはなく、小柄で見栄えもよくない。おまけに気性も悪く（それゆえに去勢された）、わずか千百ドルで売られ、黒人の鉄道工夫で歌にもうたわれた伝説の大男の名前が付けられた。競走馬になってからは何人もの馬主に転売され、ローカル競馬場を転戦しながら成り上がってきた騸馬は、名前どおりに、働いて働いて、アメリカのヒーローとなった。

ジョンヘンリーはケンタッキー州のゴールデンチャンスファームが生産した馬だが、この牧場は日本にも縁があった。ダストコマンダー（一九七〇年ケンタッキーダービー）の馬主でもあったロバート・レーマンが所有する牧場で、ダストコマンダーも一九七三年に日本へ輸出されるまでここで種牡馬生活をおくっていた。そのダストコマンダーの代表産駒が一九八二年の皐月賞馬アズマハンターである。

予備登録だけが豪華だった第一回と違い、第二回はジョンヘンリー以外にも豪華なメンバーが来日していた。その代表がフランスの四歳牝馬エイプリルランである。ここまでGⅠ四勝、この年は凱旋門賞四着のあとアメリカに転戦し、ターフクラシック（連覇）とワシントンDC国際を連勝している。二か月でフランス、アメリカ、日本のビッグレースを四戦する、タフな国際ランナーである。騎手は前年メアジードーツを優勝に導いたキャッシュ・アスムッセンで、凱旋門賞から騎乗していた。ジョンヘンリー対エイプリルラン。欧米のトップホースが日本で顔を合わせる、ファンにとって夢のようなジャパンカップとなった。

そしてもう一頭、花を添えていたのがフランスの三歳牝馬オールアロングである。ヴェルメイユ賞の優勝馬で、重馬場の凱旋門賞では十五着と大敗しているが、顔にかたちのいい星がある、かわいらしい馬だった。ジャパンカップのパドックを見て、この牝馬のファンになったファンは多かったと思う。わたしもそのひとりだ。

一方、日本馬は第一回のショックが尾をひいている感じだった。一九九九年まではジャパンカップに出走する日本馬は推薦委員会が選出する形式で、十一月四日の第一回推薦委員会では二十六頭が日本代表馬候補として推薦されたが、十四日にジャパンカップの特別登録をおこなったのは十三頭にすぎなかった。

一回めの推薦馬で注目されたのは大井競馬場から中央入りしたホスピタリテイで、中央初戦のセントライト記念ではアズマハンターを完封して九連勝となった。クラシック登録がなく菊花賞にでられないホスピタリテイはジャパンカップを目標にしていたが、十一月十三日のオープンでカナダのフロストキングに完敗、はじめての敗戦を喫し、さらに脚を悪くしてしまった。

そして、十六日の第二回推薦委員会で代表馬六頭、補欠馬三頭が選出されたが、このうち八大レース（クラシック、春秋の天皇賞、有馬記念）の優勝馬は補欠のミナガワマンナ（菊花賞）だけだった。さらに代表に選出されたサンエイソロンとジュウジアローが回避し、補欠のトドロキヒホウが繰りあがって出走している。日本でもっとも人気があったのは五歳牝馬のスイートネイティブで七番人気（三十八・七倍）だった。

一九八二年十一月二十八日。二年つづけて秋晴れに恵まれた東京競馬場の入場者は九万一千百五十二人。前年をわずかに上まわったが、来日馬が豪華になってもこの程度である。競馬人気はまだまだ低かった。

それでも、レースの十日前、ジョンヘンリーが到着した成田空港には多くの取材陣が押しよせている。そのなかにはNHKや競馬を放映していない民放のテレビ局もあったという。それだけ「世界の賞金王」の来日は大きな関心事だったのだが、競馬場でもジョンヘンリーの横断幕がもっとも多かった。一年前、ホウヨウボーイの横断幕と日の丸を飾ったわたしたちも、簡単に手のひらを返し、「Welcome to Tokyo JOHNHENRY」という幕を張った。

「有り金ぜんぶ、ジョンヘンリーの単勝に賭ける」

そう言っていた人もいた。ジョンヘンリーの持ちタイム（二分二十三秒台）で走られたら、どう考えても日本馬は二秒以上離された大差負けである。日本の軽い馬場ならば、もっとすごいタイムで走るかもしれない――。わたしたちの想像は無限大にふくらんでいた。

一九八二年のジョンヘンリーはここまで五戦二勝、三着三回。十一月十三日のメドウランズカップハンデキャップ三着から中一週というタイトな日程での来日だが、単勝は一・九倍と圧倒的な支持をうけている。すでに神話のようになっている馬なのだ。

二番人気はエイプリルランの二・八倍で、オールアロング（六・二倍）が三番人気でつづいた。ジョンヘンリーとエイプリルランの対決ムードで、上位人気も外国馬に偏っていたこともあってか、馬券の売り上げは二十九億八千七百万円余と、前年からさらに九億円ほど落ち込んでしまった。

馬券よりも見るレースという傾向がいっそう強くなった第二回は、サクラシンゲキがハイペースで飛ばした前回とは一転してスローペースになった。先手を奪ったのはカズシゲだった。大井から名古屋を経て中央入り、高松宮杯など三つの重賞に勝っている五歳牡馬で十一番人気だ。カズシゲを先導役にして、フロストキング、ジョンヘンリーらが先行グループをつくる。エイプリルラン、オールアロングは中団のうしろにポジションをとった。

最初の千メートルの通過ラップが一分二秒三。ひどく遅い。遅い流れを見越してか、三コーナー過ぎから動きだしたジョンヘンリーが四コーナーをまわって先頭に並びかける。さあ、ここから抜けだしてくるぞ。何馬身離すのか——。そんな期待も束の間、白いシャドーロールのジョンヘンリーが馬群に飲み込まれるように下がっていく。あとはなにがなんだかわからなかった。ターフビジョンなんかない時代だ。内から外から外国馬が一気に押しよせて、第二回ジャパンカップは終わった。

一着ハーフアイスト、二着オールアロング、三着エイプリルラン。それぞれ首差という際どい勝負で、優勝タイムは二分二十七秒一。スローペースで流れたぶんだけ遅かった。

それにしても、ジョンヘンリーは……。レースのあとは、ただ呆然とした記憶だけがある。競馬場にいたのでレースのリプレイ映像は見ていない。深夜のダイジェストで見たかどうかも覚えていない。今回、本稿を書くためにＹｏｕＴｕｂｅでフジテレビの中継を見て、四コーナーでジョンヘンリーが先頭に並びかけるまでのシーンを思いだした。直線に向いてもカズシゲがよく粘っていたのに、ジョンヘンリーはあっけないほど簡単に抜かれていく。最後は内からオールアロングが抜けだしにかかると、外からおなじ勝負服のエイプリルランとハーフアイストが追い込んできて、最後はハーフアイストが前にでた。勝ったのは白いシャドーロールをつけた馬だったが、ジョンヘンリーではなかった。

日本の上位馬はまたしても地方出身馬で、ヒカリデユールが五着、カズシゲが六着に食い込んだ。ともに南関東では重賞も勝てなかったが、ジョンヘンリーのように何人もの馬主に転売され、競馬場を移りながら強くなってきた馬だ。負けはしても地方出身馬のしたたかさを感じたからよけいに、ジョンヘンリーは……、となってしまう。

優勝したハーフアイストはアメリカの三歳牡馬で、オーナーはエイプリルランとおなじファイアーストーン夫妻。ここまで十七戦五勝で、三歳になってジャパンカップが十六戦めというタフな馬だ。九月にはシカゴ・アリーントンパーク競馬場のＧⅡセクレタリアトステークスに勝ち、来日前の十一月二日にはニューヨーク・アケダクト競馬場のニッカーボッカーハンデキャップ（ＧⅢ）に勝っていた。ちなみに、アメリカでは出走頭数が多いレースをふたつに分割しておこなうことがあるが、ハーフアイストが勝ったのは分割された二組めのニッカーボッカーハンデキャップだった。

ハーフアイストは外国馬では一番最後に招待が決まった馬で、来日もジョンヘンリーより一日遅く、検疫を終えて東京競馬場にはいったのはレースの三日前だった。単勝は三千二百三十円（六番人気）。「二頭出しは人気薄を狙え」ということばを思いだすのは、いつもレースが終わってからだ。ただし、偶然かどうか、エイプリルランとおなじ六枠だったことで、連複の二―六は八百七十円にとどまった。

ハーフアイストは一九七九年三月十四日にアメリカ・ケンタッキー州の牧場にうまれた。生産者はヘンリー・A・ジェリー夫人。父ハチェットマン、母ウインターメモリー（父オールデンタイムズ）という地味な血統の馬を購入したのがバートラム・ファイアーストーンである。ファイアーストーンはアイルランドとアメリカに牧場を所有するオーナーブリーダーで、せり場も競馬場も妻のダイアナと一緒に行っているということで、スポーツ紙には「おしどり馬主」と紹介されていた。勝負服はおなじだが、牡馬は夫のバートラム、牝馬は妻のダイアナの名義で走らせていて、エイプリルランはダイアナの名義だ。夫妻は一九八〇年のケンタッキーダービー馬ジェニュインリスクのオーナーとして知られる。ジェニュインリスクはプリークネスステークスとベルモントステークスでも二着になった、アメリカの八〇年代を代表する名牝である。

三着のエイプリルランはジャパンカップが引退レースになったが、ハーフアイストは翌年もジャパンカップに出走（騎手はエディ・メイプル）、四着に負けている。

ファイアーストーン夫妻はジャパンカップ以後、岡部幸雄など日本の競馬関係者とも親交を深め、『名馬を読む』のタイキシャトルの項でも書いたように、ケンタッキー州に所有していたビッグシンクファームを大樹ファームの赤澤胖《ゆたか》に売却している。

優勝騎手のドナルド・マクベスはカナダ人の三十三歳。ビッグレースの勝利は多くなかったが、一九七八年から三年連続でニュージャージー州のモンマウスパーク競馬場のリーディングジョッキーになっていた。一九八四年にはチーフズクラウンで第一回ブリーダーズカップジュベナイルに勝つなど活躍していたが、一九八七年にがんで急逝している。

さて、問題はジョンヘンリーで、結局十三着でゴールインした。ここまで六十八戦のうち二桁着順は三度あるが、すべてダート戦だった。芝では四年前にカールトンFバークハンデキャップ（サンタアニタ）というGⅡでの六着（分割一組めで九頭立て）がもっとも悪く、ジャパンカップの十三着は生涯最悪の着順でもあった。それだけ関係者のショックは大きかっただろう。スポーツ紙の記事を読むと、騎手のシューメーカーは記者の前に姿を見せず、取材に応じなかったという。

ジョンヘンリーは九歳まで現役をつづけた。主戦騎手はクリス・マッキャロンに替わり、二年間で十四戦して八勝（GⅠは五勝）、最後は四連勝で現役を終えた。これだけ強いとよけいにジャパンカップの大敗が不可解なのだが、それだけ、外国に遠征してまったく違う環境で戦うむずかしさを感じる。ただ、ジョンヘンリー以降、人気になった話題の外国馬が負けると「物見遊山の来日」というような表現がメディアで使われるようになる。

このジャパンカップにはもうひとつ、つづきの物語がある。二着のオールアロングは翌年、凱旋門賞を制し、カナダのロスマンズ国際、アメリカのターフクラシック、ワシントンDC国際と四連勝、牝馬としてはじめてアメリカ・エクリプス賞の年度代表馬に選ばれている。これほどの名馬がジャパンカップを走ってくれたことが、日本の競馬ファンとして誇らしかった。

あれから四十年。オールアロングの名前がふたたびわたしたちの胸を熱くした。南関東の無敗の三冠馬、曾孫のミックファイアである。

シングスピール
デットーリ、降臨

二〇一九年の秋、栗東トレーニングセンター。この日取材する予定になっている騎手を探して控え室をのぞくと、ランフランコ・デットーリがいた。スポーツ紙や予想紙の記者とは違い、年に数えるぐらいしかトレセンに行かないわたしは、短期免許で来日している外国人騎手を競馬場以外で見るのは稀だし、目にしたのはデットーリである。「おおっ、デットーリ！」と驚き、失礼と思いながら、まじまじと見てしまった。完全にミーハーだ。

デットーリはしずかに雑誌を眺めていた。老眼鏡をかけている。五十歳も近いのだから当然なのだが、その姿がショックだった。「フランキー」の愛称で親しまれ、世界中の競馬ファンのアイドルになったデットーリはいつもあかるく、はしゃいでいる。永遠の少年のようなイメージを抱いていたから、おとなのデットーリを目にしたわたしは、見てはいけないものを見てしまったようで、なんとも複雑な気持ちになった。

25

ランフランコ・デットーリは一九七〇年十二月にイタリア・ミラノにうまれた。父のジャンフランコ・デットーリはイタリアの名騎手で、ジャパンカップは第二回のスカウティングミラー（イタリア、十二着）と第三回のチェリオルーフォ（イタリア、八着）に騎乗している。申しわけないが、馬もジョッキーも覚えていない。

父のあとを追って騎手になったデットーリは一九八五年にルカ・クマーニ（イタリア人でイギリスの調教師）のもとで見習い騎手となり、翌年、イタリアで初勝利をあげる。一九八七年から本格的にイギリスで騎乗し、一九九〇年八月二十七日には年間百勝を達成する（この年は百四十一勝）。十代での百勝は、二十世紀のイギリス最高の騎手レスター・ピゴット以来で、ピゴットよりも五週間若い年齢（十九歳八か月）での到達だった。この年はアスコット競馬場のクイーンエリザベスⅡ世ステークスに勝ち、はじめてのＧⅠを制している（馬は日本で種牡馬になったマークオブディスティンクション）。

デットーリの初来日は一九九一年のジャパンカップで、三番人気のドラムタップスに騎乗して十一着だった。アメリカのゴールデンフェザントが優勝し、一番人気になったメジロマックイーンが四着に負けたときだ。

翌九二年、二十一歳のデットーリは中山競馬場でおこなわれた第一回ヤングジョッキーズワールドチャンピオンシップ（ＹＪＷＣ）に出場している。このときは、アメリカの日系三世コーリー・ナカタニに注目が集まっていたが、デットーリは四戦一勝、二着二回の成績で優勝している。さらに九三年のＹＪＷＣにも出場し、四戦三勝で圧勝した。ちなみに、最初の二回に連続出場した日本人騎手はＪＲＡの横山典弘、武豊、田中勝春、地方の小牧太（園田）と四人いたが、二〇二三年現在、全員揃って現役という、とんでもなく元気な世代だ。ただ、関西エリアでは馬券も売られていないときで、来日する騎手も若いタレント揃いといっても日本のファンにはほとんど無名に近く、注目度も低かったシリーズは一九九六年に終了している。

ＹＪＷＣでは圧倒的な存在感でひとり別次元の騎乗を見せた一方で、表彰式では係の女性に声をかけてはしゃいでいたデットーリは言ってみれば「ちゃらいイタリア人青年」だった。ＹＪＷＣをきっかけにして仲良くなったという横山典弘は『優駿』（一九九七年一月号）のデットーリとの対談で、こんな話をあかしている。

〈何人かでディスコに行ったんだけど、フランキーはお立ち台に上がって踊るんだもん、ホントにクレイジー（笑）。ぼくまで引っ張り上げられて、いっしょに踊らされたんだからまいっちゃうよね（笑）。〉

若くしてスタージョッキーとなったデットーリは、香港から高額契約での移籍話がある一方で、週末はパーティ三昧という生活をつづけていた。その挙げ句、一九九三年四月にはコカインの不法所持で逮捕されている（このときは警告にとどまったが、香港の移籍話は立ち消えになった）。

それでも一九九四年にはドバイのシェイク・モハメドのゴドルフィンと専属契約を結んだデットーリは、一九九四、九五年とイギリスのリーディングジョッキーになった。ラムタラでキングジョージⅥ&クイーンエリザベスステークスと凱旋門賞にも勝ち、一九九六年九月二十八日にはアスコット競馬場で全七レースで勝利するというとんでもない記録もつくっている。

　そして、押しも押されもしない世界のスーパージョッキーとして来日したのが一九九六年のジャパンカップだった。馬はイギリスのシングスピール。オーナーはシェイク・モハメドである。

　シングスピールは一九九二年二月二十五日にモハメドが所有するアイルランドの牧場でうまれた。父のインザウイングスはヨーロッパの大種牡馬サドラーズウェルズの初年度産駒で、モハメドの所有馬としてブリーダーズカップ・ターフなど三つのＧⅠに勝っている。母のグローリアスソング（父ヘイロー）も一九八〇年にアメリカの古馬牝馬チャンピオンとなった名牝と、モハメドの生産馬らしくどこからどう見てもすばらしいエリート血統である。さらに記せば、インザウイングスの母もモハメドの所有馬で、第三回ジャパンカップで一番人気で十三着だったハイホーク（ローマ賞）である。

　シングスピールはニューマーケットのマイケル・スタウト厩舎に預けられ、二歳の九月にデビューした。初勝利は二戦めで、二歳で三戦一勝。三歳では六戦一勝だったが、パリ大賞、エクリプスステークスなど二着四回と成績は安定していた。そして、四歳になった一九九六年はここまで六戦して三勝、二着三回。九月のカナディアン国際ステークス（前年までロスマンズ国際ステークス）に勝つなど、一段階レベルアップしての来日である。

　デットーリが乗ったのは十五戦のうち未勝利戦とＧⅢだが、二度とも勝っている。ジャパンカップに主戦のマイケル・キネーンではなくデットーリを起用したことを記者会見で問われたスタウトは、「シェイク・モハメドの判断」だと答えている。

この年の外国馬はシングスピールを含めて七頭（イギリス三頭、アメリカ二頭、フランスとオーストラリアが一頭）。キングジョージⅥ＆クイーンエリザベスステークスの優勝馬ペンタイア（イギリス、馬主は社台ファームの吉田照哉）やコックスプレートとメルボルンカップを連勝してきたオーストラリアの最強馬セイントリーらビッグネームが揃っていたが、最大の注目馬はフランスの三歳牡馬エリシオだった。フランスダービーこそ五着に負けたが、ここまで七戦六勝、凱旋門賞を含めて三つのＧⅠに勝っている。騎手はオリビエ・ペリエ。凱旋門賞ではピルサドスキーに五馬身差をつけて逃げきっている。ピルサドスキーはそのあとブリーダーズカップ・ターフを完勝する馬だ（翌年はヨーロッパの中距離ＧⅠを三勝し、さらにジャパンカップも勝ってヨーロッパの古馬チャンピオンになる）。

ジャパンカップに出走したあと凱旋門賞に勝った馬には前項でも書いたオールアロングがいるが、凱旋門賞馬として来日したのは一九八八年のトニービン（イタリア、二番人気で五着）、八九年のキャロルハウス（イギリス、七番人気で十四着、馬主・吉田照哉）、九三年のアーバンシー（フランス、牝馬、十番人気で八着）につづいて四頭めになる。ジャパンカップが引退レースだったトニービンは凱旋門賞に勝ったあと地元イタリアのジョッキークラブ大賞二着を挟んでの来日であり、キャロルハウスとアーバンシーはそれぞれ十一、十三番人気で凱旋門賞に勝った馬である。そういう意味で、フランスの歴代の名馬とも比較されているエリシオはこれまでの凱旋門賞馬とは格も勢いも違う。

一方、日本勢はというと、一九九〇年代半ばはトップホースがジャパンカップを避ける傾向にあった。この年も、春の天皇賞馬サクラローレルも宝塚記念馬マヤノトップガンも春から秋にかけて六連勝（重賞四連勝）したマーベラスサンデーも、天皇賞（秋）から有馬記念というローテーションをとっている。そんななかで、日本のエースとして出走してきたのがバブルガムフェローである。皐月賞を前に故障して春のクラシックはでられなかったが、秋に復帰すると、菊花賞には向かわず、天皇賞、ジャパンカップという路線を選んでいる。

エリシオ対バブルガムフェロー。フランスと日本の三歳馬対決がこの年のジャパンカップの焦点だった。わたしも雑誌の取材で二頭を追いかけて、美浦トレセンから東京競馬場へと動きまわっていた。

一九九六年十一月二十四日、東京競馬場、第十六回ジャパンカップ。九〇年代はじめにおきた競馬ブームを経てファン層は一気に若返り、女性も増え、パドックも様変わりしていた。出走馬を応援する幕よりも、騎手個人の名前が書かれた幕がめだっていた。ほんとうならば、それらにまじって、一枚、ジャパンカップらしい応援幕が飾られるはずだった。

「天国から来た馬　セイントリー」

「Saintly」（聖人のような）ではなく、日本語の幕をつくったのはオーストラリアの応援団である。かれらは、調教がおこなわれた金曜日の朝、カメラマンの注文に応じ、誇らしげに幕を広げてみせていた。しかし、レース当日の朝になって、オーストラリア最強馬は感冒で出走を取り消した。それを知ったとき、わたしは「ああ、やっぱり」と思った。金曜の朝に馬を見たとき、素人目にも元気がないのがわかった。父のスカイチェイス（ニュージーランド）も一九八八年のジャパンカップに来日しながら出走取り消しとなり、父子二代でアクシデントに泣くことになった。

これを境にしてオーストラリアのトップホースがジャパンカップから遠のいていく。オーストラリアの応援ツアー客はあのころのジャパンカップ名物のひとつで、かれらを取材するのも楽しかったのだが、風物詩がひとつ消えてしまったのは残念でならない。

セイントリーの出走取り消しによって十五頭立てとなったレースは九番人気のカネツクロスの逃げで展開した。タマモクロス産駒の逃げ馬で、わたしはこの馬から馬券を買っていた。一番人気のエリシオは二番手に控えた。ペリエはうまく折り合いをつけている感じだ。差のない二番人気のバブルガムフェローはエリシオを見るように五番手を進む。すぐうしろに四番人気のシングスピールがつづき、その二、三頭うしろに三番人気のペンタイアという位置取りになった。

隊列は大きく変動することもなく徐々にスピードアップし、四コーナーをまわって直線、先頭に立とうとしていたエリシオの内からシングスピールが迫る。いつの間にここにいたのか。まさに〝デットーリ・マジック〟だ。さらにその内から秋華賞馬ファビラスラフインが抜けてくる。終始三番手の内でじっとしていた三歳牝馬は七番人気、騎手は第一回のＹＪＷＣにも出場した松永幹夫だ。

内にファビラスラフイン、外にシングスピール。二頭が馬体を並べて競り合う。一度はファビラスラフインが前にでたように見えたが、ゴール前でシングスピールがもうひと伸びする。瞬間、デットーリが鞭をもった右手を高々と掲げ、雄叫びをあげた。優勝タイムは二分二十三秒八、着差は鼻だった。ファビラスラフインの頑張りもすばらしかったが、肝心なところで馬を踏ん張らせるところが、さすがにデットーリである。

ウイニングランを終えたシングスピールが競馬場の地下にある検量室前にひきあげてきた。馬を降りて検量室にはいっていったデットーリは、後検量のOKがでると大声をあげてよろこびを表現し、顔を紅潮させ、早口でテレビのインタビューに答えるとすぐにシングスピールに跨がり、あっという間にウイナーズサークルにあがっていった。それを追って大勢の人が検量室前から消えた。

地上では表彰式がおこなわれ、デットーリが馬の背から飛び降りる「デットーリジャンプ(フライングディスマウント)」を披露してスタンドが沸いていたころ、地下の検量室前では三十人ほどの取材者が敗者のコメントを求めて動きまわっていた。エリシオとバブルガムフェローを追いかけてきたわたしもそのひとりだった。

一番人気のエリシオは前の二頭から一馬身四分の一離され、ストラテジックチョイス(イギリス)と三着同着だった。検量室では勝負服を脱いだオリビエ・ペリエと調教師のエリー・ルルーシュが一緒にレースをモニターで見ながら話をしている。その表情はひどく堅い。映像を見終えたふたりは納得したようにテレビの下から離れた。

エリシオの唯一の敗戦となったフランスダービーはレース前から激しく入れ込んでしまい、それが敗因だと伝えられていたが、この日のエリシオは、パドックでもファンの前を歩くのを楽しんでいるような余裕を感じさせたし、本馬場入場でも大歓声をまったく気にしないで堂々と歩いていた。馬の状態もよく、スムーズで、いいレースをして負けた。それがわたしの印象だった。

二番人気のバブルガムフェローは直線でずるずると後退していった。十三着。まるで故障でもしたかのような負け方だった。最終レースの勝負服に着替えて検量室からでてきた岡部幸雄を記者が取り囲み、ひとりの記者がきいた。

「壊れた（故障）とかではないんですよね」

「壊れたのは馬の頭だよ」と岡部はすこし投げやりに言った。

「きょうは、レース前から走る気が感じられなかった。サンデーサイレンス産駒のむら気な性格がでてしまったのかもしれない」

思いあたることがあった。最初は堂々とパドックを歩いていたバブルガムフェローは、周回を重ねるにつれて怖じ気づいていくように見えた。岡部が乗るときには嫌がるように横に逃げていた。日本を代表する三歳馬もはじめて相手にする強豪に怯えていたのかもしれない、とわたしは思った。

最終レースが終わると、スタンド四階にあるレストランでジャパンカップの記者会見がはじまった。

馬主のシェイク・モハメドはハイホーク、一九九〇年ベルメッツ（七着）、九一年ワジド（六着）に次いで四頭めの出走でジャパンカップを勝ちとった。ハイホークのときには来日して馬を応援していたが、この日は代理人が電話で優勝を知らせたという。

調教師のマイケル・スタウトは九一年のロックホッパー（七着）、九五年のピュアグレイン（十着）につづいて三度めの挑戦で初優勝だった。じつは、シングスピールは来日してすぐに熱をだしてしまった、とあかした。

「十八時間以内に熱が下がらなければ出走をやめようと思っていた」

厩舎スタッフの腕の勝利ということになる。セイントリーと明暗がはっきりわかれた。

最終レースにも騎乗していたデットーリは十数分遅れて会見場に姿を見せた。「遅れてすみません」とあやまったデットーリの髪はきれいに整えられ、スーツに大きな花柄のネクタイをつけている。さすがにイタリア人だ。

席に着くなり、デットーリは「エレベーターのなかで突然思い浮かんだ」という話をしはじめた。

父がはじめてジャパンカップにでたとき、日本からビデオデッキを買ってきた。イタリアでもまだ家庭用のビデオは普及していないときで、家ではじめてデッキに入れたビデオはジャパンカップだった。その映像を見て、優勝ジョッキーに車が贈られることを知って、ぼくも車がほしいなと思った――。

今回は副賞の車はなかったが、念願だったジャパンカップを勝ったデットーリは、甲高い声で、大きなアクションを交え、話しつづける。ただ馬やレースの話だけでなく、記者がほしがるようなエピソードも入れて会場を笑わせている。デットーリが世界中のファンから愛される理由がそこにあった。

それからのランフランコ・デットーリは多くのスーパーホースに乗り、世界中でビッグレースを勝ちまくった。日本でも、二〇〇二年には母国イタリアのファルブラヴでジャパンカップに優勝し、前日のジャパンカップダートもイーグルカフェで勝った。そして二〇〇五年には師匠ともいえるルカ・クマーニのアルカセットを駆り三度めのジャパンカップを手にしている。

その一方で、世界中の競馬ファンを驚かせ、心配させることもあった。二〇〇〇年六月には移動中の小型飛行機が墜落、操縦士が亡くなる大事故でデットーリも重傷を負ったが、二か月後に復帰した。二〇一二年にはフランスのロンシャン競馬場での尿検査でコカインの陽性反応を示し、六か月間の騎乗停止処分を受けている。

そんなデットーリも二〇二三年いっぱいで現役を引退すると発表していた。ところが秋になって引退を撤回し、アメリカに移籍して二〇二四年も現役をつづけることになった。最後まで人騒がせで、楽しませてくれるところが、〝フランキー〟デットーリである。

26

スクリーンヒーロー
ダービー馬を脇役にして

スクリーンヒーローのジャパンカップがどんなレースだったのか、すぐに思いだせなかった。年齢のせいでもあるのだろうと思っていたのだが、成績表を見てわかった。ウオッカ三着、メイショウサムソン六着、アサクサキングス八着——。好きな馬、応援していた馬、いつも馬券を買っていた馬が揃って負けているレースの記憶を脳が消したがっていたのかもしれない。そんなことも考えた。

ただ、スクリーンヒーローのジャパンカップですぐに思いだす風景がある。レースが終わり、取材陣でごった返す検量室前に矢野進の姿があった。九か月ほど前に調教師を定年引退した矢野は、いつものようにおだやかな笑みをうかべ、声をかけてくる人たちに頭を下げていた。

スクリーンヒーローは矢野の厩舎にいた馬である。それだけでない。母のランニングヒロインも、祖母のダイナアクトレスも、そして曾祖母のモデルスポートも矢野が手がけた馬だった。

このファミリーは矢野のもとで幹を伸ばし、枝葉を広げ、ついにジャパンカップを勝ちとったのだ。矢野の姿を見ながら思った。

矢野進は一九三七年に栃木県にうまれた。旧姓名は青木進という。養父となる矢野幸夫（中山競馬場）のもとで騎手になり（通算百三勝）、一九七三年に調教師免許を取得すると、二年後の七五年に独立して厩舎を開業している。このとき養父の厩舎から移籍してきたのがバローネターフである。矢野は、平地で十戦未勝利の馬を中山大障害五勝の歴史的な名ジャンパーに育てあげるのだが、バローネターフから二年ほどあとに厩舎にはいってきたのが、バローネターフとおなじクラブ法人ターフ・スポートのモデルスポートだった。

モデルスポートの母マジックゴディス（父レッドゴッド）は一九七三年に社台ファーム（北海道千歳市）の吉田善哉がイギリスのせりで買った馬である。未勝利馬だったが、四代前の母がラトロワンヌ（父テディ、一九二六年生）という世界的な名繁殖牝馬だった。息子の吉田照哉は「ラトロアンヌは父が大好きな馬だった」と語っている。

〈大好きでした。血統の中にラトロアンヌと書いてあれば、何でも好きだったほどです。名前を見つけると急に燃えてました（笑）〉（『優駿』二〇〇九年三月号、文・街風隆雄、傍点筆者）。

補足しておけば、ラトロワンヌの末裔はアメリカを中心にして世界中に拡大している。そのほんの一部をあげてみても、バックパサー、イージーゴア、スマーティジョーンズといったアメリカのスーパーホースからフランスの最強牝馬アレフランス、名種牡馬カーリアン、ウッドマン……などがいる。日本でもメジロアサマやコントレイルがこの母系から誕生した名馬である。吉田善哉が大好きだったという牝馬の血は過去から現在まで世界中で繁栄している。

そのラトロワンヌの血を受けたマジックゴディスにモデルフールを付けて、一九七五年に誕生したのがモデルスポートである。父のモデルフールは社台ファームが導入した新種牡馬で、その父はバックパサーなどの父として知られるトムフールである。吉田善哉の、配合の意図がよくわかる。

モデルスポートはスピード豊かなマイラーで、三歳だった一九七八年には重賞に三度出走している。最初はスプリンターズステークスでメイワキミコ、マイエルフの三着、桜花賞一番人気（五着）のダークロードが四着だった。つづく牝馬東京タイムズ杯（現府中牝馬ステークス）ではマイエルフとメイワキミコに雪辱し、さらにダービー卿チャレンジトロフィー（当時は東京の千八百メートル）では皐月賞五着のシービークロスを破っている。なつかしい名前ばかりなので、つい列記してしまう。

この年の、いまで言うところの「牝馬三冠」は、桜花賞がオヤマテスコ、オークスが抽籤馬《ちゅうせんば》のファイブホープ、エリザベス女王杯はキタノカチドキの妹リードスワローが制している。オークス当日に二勝めをあげたモデルスポートはクラシックとは無縁だったが、三歳で十一戦六勝、重賞二勝で、『優駿』誌の「年度代表馬」（現ＪＲＡ賞）の最優秀四歳（現三歳）牝馬に選ばれた。クラシックやエリザベス女王杯に勝つことなくこの賞を受賞した馬はモデルスポートの前には六頭いたが、その後は皆無である（一九九六年以後は秋華賞も含む）。

四歳の春に二戦（一勝）して故障で引退、社台ファームで繁殖牝馬となったモデルスポート が残した産駒は四頭だけだったが、一九八三年に誕生した三番めの仔がダイナアクトレス（父ノーザンテースト）である。社台レースホースの所属で、会員に女優の南田洋子がいたことでアクトレスと名づけられたという。

一九八五年の夏、ダイナアクトレスは函館の新馬戦を五馬身差で逃げきり、オープンのすずらん賞は六馬身差の楽勝、そして函館三歳ステークス（当時）も五馬身差で逃げきっている。一九八〇年のハギノトップレディにはじまり、ブロケード、シャダイソフィア、エルプスと函館でデビューした馬が毎年のように桜花賞に勝っていたときで、ダイナアクトレスも桜花賞間違いなしだとだれもが思った。吉田照哉も「もしかすると、うちの牧場がだした最強牝馬かもしれない。いや、ノーザンテーストの最高傑作になるかもしれないですよ」と『優駿』（一九八五年十一月号）で語っている。

しかし、脚元を悪くして休養し、三歳三月の復帰戦、すみれ賞（中山）ではゲート内で暴れて八着。そのうえ、「発走の再審査」のペナルティーを受けて桜花賞の出走が不可能になり、目標をオークスに切り替えたが、サンスポ賞四歳牝馬特別二着、オークス三着と、〝牝馬三冠〟を達成するメジロラモーヌの後塵を拝している。

その後は、ローズステークスを肩の異状で出走取り消し、四歳の春に復帰したが、勝ち運に恵まれなかった。それでも、秋になって京王杯オータムハンデ、毎日王冠を連勝するのだが、二番人気に推された天皇賞は八着と大敗している。その馬がジャパンカップに出走してくる。

一九八七年十一月二十九日、第七回ジャパンカップである。

過去六回のジャパンカップは、日本の牝馬は六頭が出走し、三回で七着になったミスラディカルが最高着順だった。それにたいして外国の牝馬は強く、第一回のメアジードーツ、三回のスタネーラ（アイルランド）が勝ち、二回は二着から四着を牝馬が占めていた。

この年も「鉄の女」と呼ばれていたヨーロッパ最強牝馬トリプティク（フランス）が主役だった。前年は二か月弱でフランス、イギリス、アメリカ、日本のGIを戦う強行ローテーションで十一着に負けていたが、この年はイギリスとフランスのGIで八戦五勝、三着三回という成績で来日、富士ステークス（当時はオープン特別）では最後方から追い込んで五馬身差で圧勝していた。単勝支持率四十一パーセントは第二回のジョンヘンリーを上まわっている。

そのなかで九番人気だったダイナアクトレスがすばらしい走りを見せた。イギリスのムーンマッドネスが速いペースで逃げ、ダイナアクトレスは後方から二番手、その前にトリプティクがいた。レースは直線で早めに先頭に立ったフランスのルグロリューが二分二十四秒九の日本レコードで勝利するのだが、ダイナアクトレスは、外からアメリカのサウスジェットと並ぶようにして追い込んできて三着に食い込んだ。トリプティクが四着だった。

日本馬で最先着、しかもヨーロッパ最強牝馬に先着したのだから、大健闘である。三歳の春には吉田善哉が皐月賞からダービー出走も示唆していた牝馬が、ついに真価を発揮した。そんなレースだった。

翌年も現役をつづけたダイナアクトレスはスプリンターズステークス、京王杯スプリングカップとGⅡを連勝し、安田記念ではニッポーテイオーの二着だった。京王杯、安田記念でのニッポーテイオーとの戦いは名勝負としていまも語り継がれている。

ダイナアクトレスを一九八〇年代の最強牝馬と評価する人もすくなくない。四歳以上の牝馬限定GIがない時代ということもあって、GIは未勝利だったが、一九八七、八八年とつづけてJRA賞最優秀五歳（四歳）以上牝馬に選出されている。

繁殖牝馬になったダイナアクトレスは十二頭の産駒を残した。初仔のステージチャンプ（牡、父リアルシャダイ）は矢野進厩舎にはいり、日経賞とステイヤーズステークスに勝ち、GIは菊花賞と天皇賞（春）で二着になった。なかでも天皇賞は外から激しく追い込んで、内で粘るライスシャワーを追いつめた。鞍上の蛯名正義が思わずガッツポーズをしてしまうほど、際どい写真判定だった。

二番仔のプライムステージ（牝、父サンデーサイレンス）は栗東トレーニングセンターの伊藤雄二厩舎でGⅢに二勝、桜花賞三着、オークス五着になった。そして三番めの仔がランニングヒロイン（父サンデーサイレンス）で、矢野厩舎で二戦したが未勝利で、社台ファームに帰って繁殖牝馬になった。

ランニングヒロインは十頭の母馬になり、二〇〇四年四月十八日に誕生した五番めの仔、グラスワンダーを父にもつ牡馬がスクリーンヒーローである。四頭の兄姉ではノーマターホワット（牝、父ソウルオブザマター、中央一勝、地方一勝）とリメンバードリーム（牝、父ジェイドロバリー、三勝）が中央で勝っているが、ともに矢野進厩舎の所属だった。そして吉田照哉の「社台の勝負服」で走ることになったスクリーンヒーローもまた矢野厩舎に預けられる。

矢野進は、バローネターフ以後、モデルスポートからつづくファミリーのほかにも社台ファームの生産馬を数多く手がけてきた。ダイナマイン、ダイナシュートの姉妹（二頭で重賞五勝）。天皇賞（秋）でシンボリルドルフを破って驚かせ、フランスにも遠征したギャロップダイナ。朝日杯三歳ステークスに勝って、皐月賞二着、ダービー三着だったスクラムダイナ。ステイヤーズステークスとダイヤモンドステークスを二連覇したスルーオダイナ。中山大障害二連覇のブロードマインド……。矢野進厩舎といえば社台ファームだった。

矢野進厩舎は、ダイナマイン、ダイナシュート姉妹が活躍していた一九八四年には三十六勝をあげて全国リーディングの二位になったこともある。しかし、ステージチャンプが引退したあたりから成績が落ち込んでいた。矢野自身の定年引退も迫っていた。

スクリーンヒーローは二歳の十一月に東京のダート千六百メートルでデビューする。十三番人気で四着と、最初から大きな期待を寄せられた馬ではない。それでも、三歳の一月に勝ちあがり、二月末に二勝めをあげている。ここまでの五戦はすべてダートだったが、皐月賞出走を賭けたスプリングステークスは五着に終わった。

ここまでは木幡初広《こわたはつひろ》が乗ってきたが、そのあとは北村宏司、蛯名正義、木幡、石橋脩、木幡と乗り替わったスクリーンヒーローは、レースに使われながら着実に力をつけていった。石橋が乗ったラジオＮＩＫＫＥＩ賞で二着になると、木幡に戻ったセントライト記念で三着にはいって菊花賞の出走権を手に入れた。しかし、左前膝の剥離骨折が判明、矢野の最後のクラシックは霧散してしまう。

二〇〇八年二月、矢野進は定年になった。厩舎の馬はべつの厩舎に移っていった。スクリーンヒーローの移籍先はあたらしく開業した鹿戸雄一厩舎になった。

春が過ぎ、骨折も癒えたスクリーンヒーローは復帰に向けてトレーニングされていた。復帰戦は札幌の一千万下（現二勝クラス）の支笏湖特別で、横山典弘が乗って勝った。そのあとは札幌日経オープン（武幸四郎）、東京の千六百万下（現三勝クラス）のオクトーバーステークス（横山）とつづけて二着になると、アルゼンチン共和国杯に駒を進める。騎手は蛯名正義になっていた。

三番人気に推されたスクリーンヒーローは中団の前を進み、直線では真ん中から追いあげてくると、先頭で粘っていたテイエムプリキュアを捉え、突き放す。外から追い込んできた二着のジャガーメイルとは一馬身半の差があった。完勝だった。

はじめての重賞優勝の口取り写真には矢野進の姿もあった。自分の手は離れたが、母子四代にわたって育ててきた血統からまた一頭重賞勝ち馬がでたのである。

それで、このあとどうするか——。

調教師の鹿戸雄一がオーナーの吉田照哉に伺いをたてると、「ジャパンカップにでられるんだったら挑戦したら」と言う。ジャパンカップでは蛯名も横山も先約があったが、「ちょうどデムーロが来るから乗せたら」と吉田が言うので、短期免許で来日するミルコ・デムーロの騎乗が決まった。

二〇〇八年十一月三十日、第二十八回ジャパンカップ。

二〇〇〇年代になると、ジャパンカップは強くなった日本馬が圧倒していた。この年は五頭の外国馬が来日したが、一頭が出走を取り消し、外国勢の最高人気は七番人気のペイパルブル（イギリス）である。二年連続の参戦で、前の年は七着だった。ＧＩ勝ちはないが、この年のキングジョージⅥ＆クイーンエリザベスステークスで二着になった実力馬だ。

迎え撃つ日本勢は三頭のダービー馬だ。一番人気は三歳のディープスカイ。神戸新聞杯に勝ち、菊花賞に向かわず、天皇賞でウオッカの三着になっている。二番人気は四歳牝馬のウオッカ。前年のジャパンカップは四着だった。そして三番人気が五歳のメイショウサムソン。凱旋門賞十着から帰国してのジャパンカップである。

スクリーンヒーローは単勝オッズ四十一倍、二十一年前の祖母とおなじ九番人気だった。陣営にとっても無欲の挑戦だから、マスコミやファンの評価もこの程度である。

レースはひどく遅いペースになった。前に行きたそうだったウオッカが三番手で我慢すると、それをメイショウサムソンがマークするように進み、スクリーンヒーローもおなじような位置にポジションをとった。ディープスカイは中団で前の動きをうかがっている。

そのままゆっくり進むなかで、スクリーンヒーローは外をまわって早めに動きだす。直線に向くと、遅いペースに苦しんでいたウオッカがようやく抜けでて先頭に立とうとしたとき、外から一気にスクリーンヒーローが追い抜いていくと、さらに外から迫るディープスカイを半馬身差抑えこんだ。その瞬発力に目を見張り、ダービー馬をねじ伏せるようにして勝った強さに驚かされた。

レース映像を見終えたわたしは、ウオッカが負けたジャパンカップと、スクリーンヒーローのジャパンカップを、べつのレースのように記憶していたことを知り、あのときのことを思いだした。そして、ウオッカの悔しさを引きずりながら検量室前まで降りていき、有馬記念で引退が決まっているメイショウサムソン陣営の取材をしていたとき、矢野進を見かけたのだった。

その後、有馬記念で五着に負けたスクリーンヒーローは、五歳になった二〇〇九年は五戦し、天皇賞（秋）の二着が最高の成績に終わった。それでも、あのジャパンカップの一勝によって、北海道新ひだか町のレックススタッドに種牡馬として迎えられた。モーリスの項で書いたように、最初は生産界の評価も低かったが、モーリスをはじめ多くの活躍馬を送りだして、人気種牡馬となった。矢野進は二〇二二年二月に亡くなったが、矢野厩舎で育まれてきた血統がいま、日本馬の未来さえ変えようとしている。

27

アーモンドアイ 最強牝馬の証明

十五戦十一勝、二着二回、三着一回。いわゆる「牝馬三冠」を為し遂げ、ＧⅠ九勝はＪＲＡのＧⅠとしては最多になる。

史上最強の牝馬――。

そう呼んでも、異論を唱える人はすくないだろう。アーモンドアイを最強牝馬としたのはＧⅠの数ではない。二度のジャパンカップでの、印象的なパフォーマンスである。

強いだけでない。人気もあった。

名前どおりにかわいらしい目をした牝馬だったこともあるが、アーモンドアイの人気を押しあげていたのは調教師の国枝栄の存在が大きいとわたしは思っている。取材した人ならばだれもが知っている。国枝はいい人だ。取材中に人柄の話になったとき、

「人がいいだけが取り柄だから」

と、国枝が笑わせた。ここは「それだけではない」と否定すべきところだが、思わず頷いてしまうほど人当たりがよく、取材者に協力的な調教師だ。どんなメディアも、初対面の人でも、競馬に疎い取材者でも、国枝はていねいに接してくれる。わたしがアーモンドアイを取材したのは四歳の秋で、競馬とは関係のない雑誌の取材だったが、写真撮影にもていねいに応対してくれた。アーモンドアイだけでなく、総じて国枝厩舎の馬のイメージがいいのは、国枝の人柄に接したメディアが好意的に報道しているからではないかとわたしは思っている。

一九五五年、岐阜県にうまれた国枝栄は、高校の友人の影響で競馬が好きになり、東京農工大学農学部獣医学科に進学、馬術部で馬に接し、美浦トレーニングセンターの山崎彰義厩舎の調教助手になった。助手時代の一九八四年には、ドバイ奨学生としてイギリスで二か月の研修を積んでいる。モーリスの堀宣行もそうだったが、このとき学んだことが調教師としての国枝の原点となった。たとえば、国枝厩舎といえば白いシャドーロールである。これはイギリスでの研修先でもあったイアン・ボールディング（イギリスの歴史的名馬ミルリーフを育てた調教師）が使用していて、その効用を知り、自分の馬にも装着するようになったのだという。

一九八九年に三十四歳の若さで調教師免許を取得、翌年開業した。国枝厩舎にとって大きな転機になったのは開業して六年め、一九九五年の七月だった。アメリカ・ケンタッキー州のせりに行った国枝は、ホテルのトイレでノーザンファームの吉田勝已と顔を合わせた。「なんか買ったの」「ヌレイエフの牡馬を買った」「厩舎は決まったの」「まだ」「じゃ、おれにやらせてよ」「いいよ」。小用中に話がまとまった馬がブラックホークで、所有するのは新人馬主の金子真人《まこと》だった。ブラックホークは金子にとっても国枝にとってもはじめての重賞勝ち馬となり、二つのＧＩに勝った。これが縁となり、めだたない中堅調教師だった国枝はピンクカメオやアパパネなど金子の所有馬をはじめノーザンファーム関連の馬を数多く預かるようになり、アーモンドアイへとつながっていく。

アーモンドアイは二〇一五年三月十日にノーザンファームでうまれた。父はロードカナロア、母のフサイチパンドラ（父サンデーサイレンス）はエリザベス女王杯の優勝馬。血統からもノーザンファームの期待の大きさがうかがえる。

馬主はノーザンファーム系のクラブ法人、シルクレーシングである。シルクレーシングはバブル期に牧場を急拡大していた早田光一郎（早田牧場）が、早田とおなじ福島県の馬主、阿部善男（阿部製糸）の支援を受けて設立したクラブで、シルクプリマドンナ（オークス）やシルクジャスティス（有馬記念）などを輩出していた。しかし、過剰投資の末に早田牧場が倒産すると、シルクレーシングも経営不振に陥り、ノーザンファーム傘下にはいっている。また、阿部家をはじめ福島の有力馬主から資金を募って早田がつくった育成牧場、天栄《てんえい》ホースパーク（福島県天栄村）もノーザンファームに売却され、ノーザンファーム天栄となった。ここはアーモンドアイが休養とトレーニングを兼ねてもっとも長い時間を過ごす場所になる。付記しておけば、早田光一郎のパトロンのような存在だった阿部善男は社台ファームの吉田善哉と昵懇《じっこん》の間柄で、ＮＨＫ杯を快勝しながらダービー前に故障してしまったアスワンや第一回ジャパンカップにも出走したタクラマカン（六番人気で十着）など社台ファームの期待馬を共有していた。

アーモンドアイのデビューは二歳の八月、新潟の芝千四百メートルで二着だった。騎手はクリストフ・ルメール。関西所属ではあるが、ノーザンファーム関連クラブの関東の有力馬に乗るケースが多く、これだけでもアーモンドアイへの陣営の期待の大きさがよくわかる。

二か月あけて十月の千六百メートルの未勝利戦を楽勝すると、また三か月間隔をとり、いきなり重賞のシンザン記念に出走する。ルメールが騎乗停止中で戸崎圭太に乗り替わったが、外から悠々と突き抜けた。

さらに三か月の間隔をとって臨んだ桜花賞は生涯唯一の二番人気だった。一番人気はチューリップ賞に勝って四戦四勝のラッキーライラックだったが、アーモンドアイの相手ではなかった。直線の半ばで先頭に立ったラッキーライラックを、外から飛ぶように追い込んできたアーモンドアイがあっさりと抜き去る。強さばかりが際立つレースだった。

つづくオークスも楽勝だった。父が名スプリンターのロードカナロアということで、血統面から距離を不安視する声もすくなくなかったが、まったくの杞憂だった。直線で先頭に立った桜花賞三着のリリーノーブルを抜き去ると、最後はルメールがうしろを確認するほどの余裕があった。

秋。アーモンドアイは調教で後肢と前肢をぶつけ、右前脚の蹄を傷めてしまう。ひと夏越してパワーアップし、後肢の踏み込みがぐんと深くなっていたのだ。オールドファンはおなじように後肢と前肢をぶつけたシンザンを思いだすだろう（蹄を傷つけないように考案された蹄鉄が、有名な「シンザン鉄」）。アーモンドアイの走りはそこまでのレベルになっていたのだ。結果、秋華賞の前は蹄をかばいながらの調教となり、体調が万全でなかったにもかかわらず、いつものように外から追い込んで、二着のミッキーチャームに一馬身半の差をつける楽勝だった。

国枝厩舎ではアパパネにつづいて「牝馬三冠」を達成したわけだが、国枝はアパパネを「男馬みたいな重厚さがあり、力強い」と評した。それにたいして、アーモンドアイはひとこと「すべてが天才」ということになる。そんな馬にとって三歳牝馬のGⅠなど通過点でしかない。めざす場所はずっとずっと上にある。

二〇一八年十一月二十五日、第三十八回ジャパンカップ。ここが三歳秋のアーモンドアイの最大目標である。

創設当初は外国馬に圧倒されていたジャパンカップは、二〇〇〇年代にはいると大きく様変わりしていた。日本馬はすばらしく強くなり、来日する外国馬も減っていた。外国馬は二〇〇二年のファルブラヴと〇五年のアルカセット、ランフランコ・デットーリが乗った二頭が勝っているが、アルカセットを最後に外国馬の勝利はない。

二〇一八年はイギリスとアイルランドから一頭ずつ参戦している。なかでも、エイダン・オブライエン厩舎（アイルランド）のカプリは前年のアイルランドダービー馬で、この年は四戦一勝。凱旋門賞五着のあとイギリスチャンピオンステークス四着というステップでの来日だったが、それでも六番人気でしかない。

一番人気はアーモンドアイで、単勝一・四倍。二番人気は大阪杯の優勝馬スワーヴリチャード、前走の天皇賞（秋）は一番人気で十着に負けていた。三番人気は二年前に菊花賞、有馬記念に勝ったサトノダイヤモンド。四歳以降成績不振に陥っていたが、前走の京都大賞典でひさしぶりに勝利をあげている。以下、前年の菊花賞馬で天皇賞（秋）三着のキセキ、前年のジャパンカップ優勝馬シュヴァルグランとつづいていた。いずれも実力のあるGⅠ馬だが、どことなく信頼に欠ける面もあって、人気はアーモンドアイに集中していた。

そんなレースをおもしろくしたのはキセキだった。大きなフットワークでゆっくりと逃げ、千メートルのラップは五十九秒九。そこからスピードをアップすると、直線に向いても勢いは衰えない。完璧な逃げきりパターンに持ち込んだ。正直に書こう。キセキのファンのわたしは、ひさしぶりに直線で声がでた。

しかし、アーモンドアイは強かった。想像していた以上に、とんでもなく強かった。キセキをマークするように終始二番手を進み、ラスト二百メートルで並び、鞭も入れずに抜き、突き放してゴールインする。キセキとの差は一馬身四分の三あった。

ゴールの直後、スタンドがどよめいた。優勝タイムは二分二十秒六！　目を疑うような数字が掲示されていた。キセキも逃げて二分二十秒九でゴールしているのである。三着のスワーヴリチャードには三馬身半の差をつける、おそらく生涯最高の走りだったろう。それを楽々と抜き去ってしまった三歳の牝馬に、ただただ脱帽するしかなかった。

そしてこの瞬間を境にして、わたしたち競馬ファンのアーモンドアイを見る目が大きく変わった。

二〇一九年。四歳になったアーモンドアイはアラブ首長国連邦ドバイに遠征し、ドバイターフに勝った。二着の六歳牝馬ヴィブロスに一馬身四分の一差の完勝だった。アーモンドアイから見れば、他国の出走馬を含めて楽なメンバー構成ではあったが、勝ち方はずいぶんと控えめだった。

じつは、ドバイでのアーモンドアイの体調はけっして万全とはいえなかった。よく知られていることだが、アーモンドアイは「熱中症の症状が極端にでる馬」で、ドバイでもその兆候がみられたと国枝は言う。

「代謝が悪くなって、体に熱がこもっちゃうんです。ドバイではそれほどシリアスな状態ではなかったですが、オークスと秋華賞のあとも、馬が自分の体を維持できなくなって、ふらふらして倒れそうになった。こっちが考えているよりもレースで大きな力を使って走っているんだと思います」

当初、アーモンドアイ陣営は二〇一九年の目標としてフランスの凱旋門賞を掲げていた。国枝も凱旋門賞には並々ならぬ意欲を見せていた。アーモンドアイの一歳上で、凱旋門賞を連覇しているイギリスの牝馬、エネイブルとの対決を望んでいた国枝は、スマートフォンで撮った写真を見せてくれた。エネイブルのジョン・ゴスデン調教師とのツーショットで、ドバイで撮ったのだという。

「アーモンドアイはゴスデンも認めてくれた馬だからね」

と、国枝は言った。

しかし、ドバイのレース後に熱中症の兆候がみられたことや、シルクレーシングの事情もあって、フランス遠征はとりやめになった。

「最初はシルクサイドが、ドバイをステップに凱旋門賞と言っていたが、そのうちに雲行きが怪しくなった（笑）。調教師（国枝）とルメールは、えっ！　という感じだったけど、懸念材料はたしかにあったし、まあ、しゃあねえかなと」

結果、アーモンドアイが断念した凱旋門賞は雨でひどい馬場コンディションとなり、三連覇をめざしたエネイブルは二着に敗れ、日本から参戦した馬たちは本来の力をだせないまま大敗している。回避は不幸中の幸いだったかもしれない。

「でも、アーモンドアイが行けば、あんな天気にならないから。そういう運を引き連れてくる馬なので」

国枝は残念そうに笑った。

ところで、国枝と話していて、わたしはどうしても訊きたいことがあった。国枝は著書『覚悟の競馬論』（講談社現代新書）のなかで「ホースファースト」ということばを何度も使っていた。調教助手時代からつきあいのある藤沢和雄の「馬優先主義」とおなじで、あくまで馬のことを最善に考えて管理しているという意味なのだが、わたしには、熱中症の症状がでやすいアーモンドアイをドバイに遠征させるのは「ホースファースト」と矛盾しているように思えた。

そう問うと、国枝は「矛盾と言えば、矛盾するかもしれないけれど……」とすこし考えて言った。

「ノーザン（ファーム）さんのほうでも何頭かドバイに行っていたので、いろんな情報を集めて、レースはナイターだし、時季もそんなに暑くもないから、まあ、こなせるでしょう、ということで。微妙ではあったけど、最終的にはオーナーサイドが、行きましょうということで……」

国枝は正直な人である。嫌な質問でも、あかるく受け答えをしてくれる、気遣いの人でもある。いつのまにか真っ白になった国枝の髪を見ながら、トップホースを管理する調教師の気苦労を知る。

さて、ドバイから帰国したアーモンドアイは安田記念に出走する。しかし、スタート直後に大きな不利を被り三着に惜敗したが、ゴール前で猛然と追い込んできて実力を見せつけた。

夏休みを入れて、天皇賞（秋）に出走したアーモンドアイは狭いインコースを鋭く抜けだし、ダノンプレミアムに三馬身の差をつけて優勝した。ルメールはゴール前で何度もガッツポーズをし、しっかりとウイニングランもしていた。それほどの楽勝だったが、このときもアーモンドアイは熱中症のような症状となり、口取り写真もおこなわれなかった。地下の検量室の横で、ノーザンファーム代表の吉田勝己が自らアーモンドアイに水をかけてクールダウンさせていた。その姿を見ながら、わたしは、こういうところにノーザンファームの強さがあるんだろうな、と思った。

このあと香港カップを予定していたアーモンドアイは出国を前に熱をだして遠征を中止した。

その後は、ファン投票で一位になった有馬記念に出走、単勝一・五倍の支持を受け、三コーナー過ぎからあがっていって直線で先頭に立ちかけたものの、直線の坂で力尽きた。九着。屈辱的な敗戦を喫してしまう。

二〇二〇年。五歳になったアーモンドアイは、前年とおなじようにドバイに向かった。ところが新型コロナウイルスの感染拡大がはじまり、ドバイワールドカップデーは中止になってしまった。

走ることなく帰国したアーモンドアイは着地検疫と調整を経て五月のヴィクトリアマイルに出走する。牝馬限定のGIではさすがに力が違いすぎた。未勝利戦を勝ったときのように、ルメールがうしろを確認しながらの独走になった。二着のサウンドキアラとは四馬身の差があった。

さらに安田記念に出走する。中二週でのレースはデビュー以来もっとも間隔が短かった。スタートですこし出遅れたアーモンドアイは、直線で外から追い込んできたが伸びそうで伸びず、先に抜けだしたグランアレグリアに二馬身半差をつけられる完敗だった。一戦完全燃焼タイプのアーモンドアイは、楽勝に見えたヴィクトリアマイルも、見た目以上にエネルギーを使って走っていたのだろう。

クラブの規約で現役は六歳の三月までと決まっていて、アーモンドアイの最後の秋は二戦、天皇賞（秋）とジャパンカップになった。

天皇賞。単勝一・四倍に支持されたアーモンドアイは、ダノンプレミアムがゆっくりと逃げる流れのなか三、四番手を進み、直線で楽に抜けだしてきた。ルメールはめずらしく鞭を何度も使っていたが、二着に追い込んできたフィエールマンとは半馬身差の、危なげのない勝利だった。これでGI八勝。テイエムオペラオーもディープインパクトもウオッカもジェンティルドンナもキタサンブラックも、並んでも超えられなかったシンボリルドルフの芝GI七勝を、あっさりと超えてしまった。恐るべき牝馬である。

二〇二〇年十一月二十九日。第四十回ジャパンカップは、アーモンドアイの引退レースであると同時に、歴史的なビッグマッチにもなった。史上三頭めの無敗の三冠馬コントレイルと、はじめて無敗で「牝馬三冠」を達成したデアリングタクトが参戦してきたのである。

三冠馬三頭による世紀の対決——。

メディアはそう煽《あお》っていた。

最初にアーモンドアイに挑戦を決めたのはデアリングタクト陣営だった。ここで「牝馬三冠対決」が実現した。「三冠対決」になるには、スタンダードな三冠馬がでなければいけない。コントレイル次第である。このとき、コントレイルは微妙な状態だった。菊花賞の疲れが残り、体調が戻ってこなかった。陣営は一週間前の土曜日には回避も考えたほどだった。それでもジャパンカップ出走を決断したのは、「三冠馬」三頭の対決をファンが望んでいたこともあるが、アーモンドアイと対戦するラストチャンスだったからだ。

前の年はコロナもないのに来日馬がゼロという国際レースとしては危機的な状況となったジャパンカップも、この年はコロナが流行している最中だったが、イギリスから一頭来日してくれた。白毛のように真っ白な芦毛のウェイトゥパリス、七歳になってはじめてＧⅠ（フランス・サンクルー大賞）に勝ったあと、フォワ賞五着、凱旋門賞九着を経ての来日である。騎手はミルコ・デムーロで、九番人気である。

春シーズンはコロナで無観客開催がつづいていたが、秋開催から緩和され、事前に指定席券を買った人だけ入場が許されるようになった。この日の東京競馬場で発売された指定席券は四千三百八十四枚で、これにたいして五万を超える応募があったという。もちろん、わたしはテレビ観戦だ。

一番人気はアーモンドアイで二・二倍。以下、コントレイル二・八倍、デアリングタクトが三・七倍でつづいた。四番人気のグローリーヴェイズは十七・二倍。ファンはどんなレースを望んでいたか、数字がはっきりと示していた。

そして、この大一番の露払いを務めたのは、またしてもキセキだった。こんどはスタートから飛ばし、二番手以下を引き離す大逃げである。大きなフットワークで逃げる姿が気持ちよさそうだ。アーモンドアイが中団の前、その直後にデアリングタクト、その二頭うしろにコントレイルがつづく。

キセキは大きなリードを保ったまま四コーナーをまわって直線に向く。こういうレースは〝逃げ馬買い〟の醍醐味なのだが、インターネット投票をしていないわたしは馬券を買っていない。たとえ買っていたとしても、キセキとデアリングタクトを軸にした三連単か三連複か。

しかし、頑張ったキセキも残り二百メートルをきったところで失速する。その外からアーモンドアイが勢いよく抜けだしてくる。その一馬身余うしろで激しさを増した二着争いは、外から追い込んできたコントレイルが前にでて、カレンブーケドールとグローリーヴェイズの間を割ってデアリングタクトが三着に食い込んだ。

最高のレースが、最高のかたちで終わった。こころからそう思った。そして、アーモンドアイという名馬のすばらしさをあらためて感じながら、懸命に二着三着を確保したコントレイルとデアリングタクトの走りにも感動した。二頭が踏ん張ったからこそ、アーモンドアイがより輝き、あのジャパンカップは歴史的なレースになったのだ。

引退したアーモンドアイはノーザンファームで繁殖牝馬となった。一年めにはエピファネイアを種付けされ、二〇二二年一月十三日に牡馬を出産した。注目の仔はシルクレーシングの所属として、国枝栄厩舎にはいることが決まっている。二〇二六年二月に定年となる国枝にとって、クラシックを戦う最後の世代となる。二頭の「牝馬三冠馬」を育てた国枝は、二〇二三年現在、三冠レースはまだ未勝利である。

おわりに

二〇二三年。ＧＩ当日の競馬場は若い人たちであふれていた。こんな競馬場は日本だけで、世界のどこを見てもないだろう。若いファンが増えるのは競馬界にとっていいことであり、競馬の未来は間違いなくあかるい。

まだコロナの感染拡大がつづいているなかで入場者数を緩和しているとき、コロナが落ち着けばベテランファンも競馬場に戻ってくるだろうと思っていたが、インターネット予約という制限もあり、増えるのは若い人たちばかりだ。いつも馬券を買いに行く場外では高齢者手前のわたしはまだ平均年齢を下げているほうにはいるが、ダービーやジャパンカップ当日の東京競馬場では、周囲を見渡して、自分が最年長かと思えるほどだった。場違いなところに飛び込んでしまったようで、四十年以上かよいつづける競馬場なのにお上りさんのような気分にもなった。ただ、インターネット投票の普及で、馬券売り場に列ができてないのはありがたい。

レースが終わったあとは仲間と飲む機会も増えた。数年ぶりに会う人もいた。若い人たちはあまり酒を飲まないのか、競馬場近くの居酒屋には年配の客もめだつ。競馬場では小さくなっていたベテランファンは、馬券で負けても、酒で生気を取り戻している。

◇

本書は、自著のほか雑誌などに書いた記事をもとに、編集者、ライターとして取材した経験を加えて構成している。むかしの馬については『優駿』（日本中央競馬会）の記事をはじめ、『成績広報』（日本中央競馬会）、『日本の名馬・名勝負物語』（中央競馬ピーアール・センター）、『日本の名馬』（サラブレッド血統センター）、『栄光の名馬』（山野浩一著、明文社）、『日本ダービー50年史』（日本中央競馬会）などを参考にし、引用あるいはとくに参考とした文献については本文中に明記した。また、血統と牧場については日本軽種馬協会の「ＪＢＩＳサーチ」(https://www.jbis.or.jp) と「競走馬のふるさと案内所」(https://uma-furusato.com) のデータ、および記事を参考にしている。

今回も本をまとめていただいたのは三賢社の林史郎さん、デザインは西俊章さん、写真は山本輝一さん。ありがとうございました。

二〇二四年一月

江面弘也

初出
サクラローレル＆マヤノトップガン『サラブレ』二〇〇五年四月号「珠玉の好敵手」
テスコガビー『優駿』二〇一九年十二月号「未来に語り継ぎたい名馬物語48」
タップダンスシチー『サラブレ』二〇〇六年九月号「名馬物語」
ライブリマウント『レーシングプログラム』二〇〇八年二月二十四日「名馬にこの騎手あり」
ヴァーミリアン『サラブレ』二〇一二年十月号「名馬物語」
トランセンド『サラブレ』二〇一六年三月号「名馬物語」
マルシュロレーヌ『優駿』二〇二二年六月号「優駿ノンフィクションシリーズ〝チーム〟が生んだデルマーの奇跡」より抜粋

※それぞれ加筆修正のうえ構成した。

口絵写真：山本輝一

江面弘也　えづら・こうや

ノンフィクションライター。1960年、福島県生まれ。東京理科大学卒業後、（株）中央競馬ピーアール・センター入社。『優駿』の編集に携わったのちフリーに。著書に『名馬を読む』シリーズ、『昭和の名騎手』（三賢社）、『競馬ノンフィクション 1998年世代』（星海社新書）、『「青年日本の歌」をうたう者 五・一五事件、三上卓海軍中尉の生涯』（中央公論新社）、『活字競馬に挑んだ二人の男』（ミデアム出版社）、『サラブレッド・ビジネス　ラムタラと日本競馬』（文春新書）など。

名馬を読む 4

2024年2月20日　第1刷発行

著者　江面弘也

発行者　林 良二
発行所　株式会社 三賢社
〒113-0021　東京都文京区本駒込4-27-2
電話　03-3824-6422
FAX　03-3824-6410
URL　https://www.sankenbook.co.jp

印刷・製本　中央精版印刷株式会社

Printed in Japan
ISBN978-4-908655-25-8 C0075